Druck: Libri Plureos GmbH, Friedensallee 273,
22763 Hamburg
ISBN: 978-3-946315-44-5
Lektorat: Theresia de Jong
Korrektorat: Daniel de Jong
Covergestaltung: Andreas Reiberg
Coverfoto Copyright: Nadi Vianden
Layout, Satz: Sonic Aether

Juli 2024
Einklang Verlag
Printed in Germany

PASSIE VAN LINDEN

ELLA

Die Schatten meiner Mutter

ROMAN

ZWIEBELMÄDCHEN

Das Leben gleicht einer Zwiebel.
Um es in seiner Tiefe zu verstehen
braucht es einige Häutungen
um zum Kern zu gelangen.

Jede Erfahrung, die wir machen
Legt einen neuen Ring frei
Bis unser Wesenskern erscheint
Und wir die Ganzheit erkennen

FÜR MEINE MUTTER UND MEINE TOCHTER

Die Zwiebel gilt als Symbol des ewigen Lebens. Bei den alten Ägyptern wurde sie den Toten mit ins Grab gegeben. Aufgrund ihrer kugeligen Form und ihren vielen Ringen steht die Zwiebel für Ganzheit und Vollkommenheit. Um an den kostbaren, heilenden Saft der Zwiebel zu gelangen, muss man sie schälen und schneiden. Nur durch das Schneiden können sich die äußeren und inneren Schalen verbinden und ihre heilenden Säfte entwickeln.
So ist die Zwiebel eine Metapher für Wachstum, Entfaltung und Entwicklung. Um unsere eigene Persönlichkeit in ihrer Ganzheit zu verstehen, braucht es den Prozess der Häutung, Klärung und Heilung.
Schicht um Schicht gelangen wir zu unserem Kern und begreifen, wer wir wirklich sind, ohne all die Geschichten, von denen wir dachten, es wären unsere. Es braucht unsere ganze Kraft und unseren Mut diese Transformation zu durchlaufen. Am Ende erkennen wir wie all die Schichten entstanden sind und können sie neu zuordnen, um sie zu einem Ganzem zu integrieren.

INHALT

PROLOG

Vorsichtig setzte sie einen Fuß vor den anderen auf das Eis. Die Eisfläche des Sees war mit einer dünnen, zuckrigen Schneeschicht überzogen. Ihr Herz klopfte bis zum Hals. Dann hörte sie es. Das Knacken des Eises. Plötzlich war das Eis von kleinen Rissen durchzogen und sie wusste, es gab kein Zurück.

Ein Tuch, gewebt aus sanftem Septemberlicht, umhüllte das Haus am Schweizer Platz in Frankfurt und die Strahlen der schon tief stehenden Sonne erfüllten die Räume mit einem goldenen Farbton. Die Terrassentüren standen offen und ein zärtlicher Wind spielte mit den gelben Gardinen. Weiße Lilien, verteilt auf kleinen Tischen und geschmackvollen Anrichten, verströmten ihren süßen, aufdringlichen Duft, und wolkenartige Gebilde aus Staub tanzten nach einer geheimen Melodie, bis sie zu Boden schwebten. Ella schaute ihnen gedankenverloren zu und in ihrem Herzen begann sich etwas zu regen. Sie sah auf die Stelle, an der damals ihr Klavier gestanden hatte. Ein großzügiges Geschenk von Onkel Oskar und Tante Gerda. Erinnerungen zogen wie Duftschwaden an ihrem limbischen System vorbei und Ella atmete den Duft ihrer Jugend ein. Sie dachte an die glücklichen Momente, die sie in diesem Raum verbracht hatte. Die Liederabende, bei denen sie ihre Tante am Klavier begleitet hatte, die gemütlichen Nachmittagsstunden mit Oskar, die sie mit Kaffee und Kuchen füllten und dabei über Bücher sprachen. Oder die Vormittage am Sonntag, wenn sie zusammen Opern hörten und Oskar ihr die Handlungen erklärte, so dass sie die Figuren und Kostüme klar vor sich sah und in die Rolle hineinglitt. Während sie in diesen Bildern verweilte, stiegen an ihren Rändern dunkle Erinnerungen auf. Sie gab sich einen Ruck und streckte ihren Rücken durch. Nein. An diese schwarzen Wolken aus ihrer Kindheit wollte sie sich nicht mehr erinnern. Diese Phase ihres Lebens war nun vorbei. Sie schaute ihren Kindern Magdalena und Lilly zu, die mit ihrem Vater Toni Fangen spielten.

Ella warf ihnen eine Kusshand zu. Die da draußen waren jetzt ihr Leben und es war endlich gut geworden. Ihr Mann Toni, ein aufmerksamer Ehemann und ein fürsorglicher Familienvater, warf sich gerade theatralisch zu Boden. Magdalena und Lilly kugelten sich vor Lachen und hüpften schreiend um ihren Vater herum. Ella schmunzelte und kleine Glücksblasen stiegen aus ihrem Bauch nach oben und flossen wie kleine bunte Liebesperlen in ihr Herz. Sie hatte Toni während ihres Studiums am Konservatorium in Wuppertal kennengelernt. Damals suchte sie nach einer Anstellung als Kellnerin, um das Studium finanzieren zu können. Von ihrer Mutter und ihrem Exmann wollte sie keine Unterstützung annehmen. Dieses Kapitel hatte sie abgeschlossen. Da kam das Stellenangebot der kleinen Trattoria von Tonis Eltern gerade recht.

Toni war ein liebenswerter Mann und brachte sie oft zum Lachen. Toni war ihr kleiner Gigolo, wie sie ihn zärtlich nannte. Er war nicht so groß, doch sein Körper,

durch die Arbeit gestählt, machte es wieder wett. Für einen Südländer war er nicht gekränkt, wenn sie ihn so nannte. Im Gegenteil, er liebte es und nannte sie seine Nonna Tedesco, weil sie älter war als er. Er besaß den Humor und Charme eines Italieners. Seine unbeschwerte Art half ihr das Leben wieder zu genießen. Doch dieses Glück war ihr nicht in den Schoss gelegt worden. Ein langer, schmerzhafter Weg lag hinter ihr, auf dem sie sich ins Leben zurück gekämpft hatte. Sie wusste nun, das Glück war nicht im Außen zu finden, sondern nur in ihrem Inneren. Toni sollte nicht zu ihrem einzigen Lebensinhalt werden. Ihre erste Ehe war genau daran gescheitert. Sie hatte nach einer Sicherheit gesucht, die sie in sich selbst nicht hatte finden können. Ella musste an die harten Jahre ihrer ersten Ehe denken. Wie sehr hatte sie unter Ängsten und Depressionen gelitten, bis sie ihre Dämonen an den Hörnern gepackt hatte und ihnen ihre Macht genommen hatte.
Leise schloss Ella die Terrassentür. Das Leben draußen nahm seinen Lauf, während es sich hier drinnen verabschiedete. Ellas Mutter Hannah lag im Sterben.
Ella betrat das Zimmer ihrer Mutter. Hannah lag mit offenen Augen im Bett und winkte sie zu sich heran. Ella legte sich neben sie auf ihr Bett und hielt ihre Hand. Mutters durchscheinende Haut wirkte wie Pergament und ihre Hand wog so leicht wie ein Vogel. Ihre braunen Augen hatten immer noch diesen seidenen Glanz. Tränen stiegen in Ellas Augen und sie spürte dabei noch einmal die Sehnsucht nach ihrer Mutter, wie sie sie damals als kleines Mädchen empfunden hatte. Doch der Schmerz in

ihr hatte abgenommen. Erst wurde er zu einer Kruste, die mehrmals drohte aufzuplatzen. Nur durch ihre liebevolle Pflege, die sie sich selbst gab, konnte die Wunde heilen. Hannah bewegte sich und versuchte sich aufzurichten. Ella schob ihr ein Kissen in den Rücken. Hannah sprach mit einer schwachen Stimme. Das Sprechen fiel ihr schwer. „Ella, ich habe dich in mir getragen. Doch als Mutter habe ich versagt. Es tut mir so leid. Du hast mich am Ende meines Lebens getragen und mir etwas geschenkt, wonach ich mich immer gesehnt habe in meinem Leben. Heimat finden. Du und deine Kinder haben mir Heimat gegeben. Ein Kreis hat sich geschlossen. Ich bin dir so dankbar." Hannah konnte nicht mehr weitersprechen. Das Reden hatte sie vermutlich sehr angestrengt. Ella drückte sanft die Hand ihrer Mutter und Tränen rollten über ihr Gesicht. Sie flüsterte: „Heimat. Finden wir die nicht nur in uns?"

Ella sah, wie ihre Mutter die Augen schloss. Das Gesicht ihrer Mutter wirkte friedvoll. Ella dachte, vielleicht lässt der Tod eine zarte Gazedecke über all die Narben unseres Lebens fallen.

DIE ERSTE SCHICHT

Draußen regnete es in Strömen. Hannah betrat die Wohnung ihrer Schwester Gerda in Frankfurt. Sie nahm ihr Kopftuch ab und schüttelte ihr braunes Haar aus. Ihr Mantel war schwer vom Regen und hatte diesen typischen Geruch von nasser Wolle.
„Hannah, wie kommst du hierher, du bist ja völlig durchnässt. Komm ins Wohnzimmer. Oskar ist noch in der Oper. Ich mache dir erst mal einen Tee". Gerda ging in die Küche und Hannah setzte sich auf die Couch. Sie legte einen Umschlag auf den Couchtisch. Gerda kam mit einem Tablett mit Tee und Keksen ins Zimmer. „Mensch Langbein, was ist los?" Hannah schmunzelte. So nannte ihre Schwester sie seit Kindertagen. Vermutlich wollte sie sie necken. Gerda selbst hatte etwas kräftigere Beine. Doch das spielte gerade keine Rolle.
Hannah nahm den Umschlag vom Tisch, öffnete ihn und zog ein Schreiben heraus, dass sie ihrer Schwester reichte, „dieser Brief kam heute morgen und dann bin ich sofort in den Zug nach Frankfurt gestiegen". Gerda las den Brief aufmerksam durch. Darin wurde Hannah nach Berlin gebeten, um die Personalien eines gewissen Herrn Hermann Gaußmann, der sich bei der Vermisstenstelle beim Roten Kreuz gemeldet hatte, zu bestätigen. Gerda ließ das Schriftstück fallen. Hermann war Hannahs Mann, der 1944 in französische Gefangenschaft geraten war und von dem sie seitdem kein Lebenszeichen mehr erhalten hatte. Die beiden Schwestern schwiegen.

Hannah erinnerte sich an den Abend, als sie Hermann kennenlernte. Sie wollte mit ihrer Schwester zu einer Tanzveranstaltung. Für diesen Tanzabend hatten sie sich zwei Kleider aus einem Gardinenstoff genäht, die Haare zu Wasserwellen modelliert und sich mit einem Stift schwarze Linien auf die Beine gemalt. Nylonstrümpfe gab es in den Kriegszeiten nicht und auf dem Schwarzmarkt waren sie zu teuer.
Der Tanz fand in einem Gasthof in einem Nachbardorf statt und sie mussten den ganzen Weg über die unebenen Feldwege mit ihren hohen Schuhen bewältigen. Doch als sie eintrafen, hörten sie schon die beschwingte Musik aus dem Saal und ihre Pein war schnell vergessen. In dem Festsaal fiel Hannah ein junger Mann mit einer guten Figur auf, der äußerst sicher sein Tablett mit Biergläsern durch die Tanzenden jonglierte. Hannah fand ihn sehr attraktiv und beobachtete ihn heimlich. Einmal kreuzten sich ihre Blicke und eine heiße Welle brandete durch ihren Körper. Hannah schaute zu ihrer Schwester hinüber und erschrak. Ihrem Blick nach zu urteilen hatte Gerda sie durchschaut und sie fühlte, wie sie rot anlief. Bei der nächsten Runde, die Hermann an ihnen vorbei schaukelte, gab Gerda Hannah einen kleinen Schubs und sprach ihn augenzwinkernd an: „Meine Schwester Hannah möchte auch ein Bier." In diesem Moment wünschte sich Hannah, sie möge im Boden verschwinden und hasste ihre Schwester abgrundtief. Doch das Lächeln dieses Mannes, in dem sie einfach versank, lies keine Scham mehr zu und Hannah lächelte

nur zurück. Der Damm war gebrochen und niemand konnte sich gegen die Flut stellen. Von nun an konnte Hermann seine Augen nicht mehr von Hannah lassen. Nach seinem Feierabend nahm er all seinen Mut zusammen und forderte Hannah zum Tanz auf. Ab diesem Moment ließen sie keinen Tanz aus. Hannah erfuhr von Hermann, dass sein Vater den Biergasthof betrieb und er ihm dabei half. Zu später Stunde holte Hermann seine Geige und spielte sich die „Seele aus dem Leib“. Hermanns Großvater hatte ihm das Spielen beigebracht. Hannah war begeistert von Hermanns Spiel, was man mal wild und mal melancholisch nennen konnte. Dies war der Moment, in dem sie sich in diesen Mann verliebte.

Dann kam die Sperrstunde und die beiden Schwestern hatten die Zeit aus den Augen verloren. Hermann bot sich an, sie mit dem Bierlaster nach Hause zu bringen. So hockten sie zu dritt auf der kleinen Fahrerbank. Gerda hatte ihrer Schwester den Platz neben Hermann abgetreten. Hannah und Hermann saßen Schulter an Schulter und immer, wenn Hermann schaltete, berührten sich unweigerlich ihre Knie, was Hannah als sinnliche Komplizenschaft wertete. Der Laster rumpelte über die Dorfstraßen und Hannah hätte immer so weiterfahren können.

Hannah legte ihre Hände auf die Schultern ihrer Schwester und schüttelte diese, als wollte sie Gerda wachrütteln.

„Gerda, verstehst du was das bedeutet? Vielleicht hat Hermann überlebt? Ich kann nicht klar denken. Das

Einzige, was ich weiß, ist: Ich muss nach Berlin und selbst sehen, ob es Hermann ist." Hannah griff nach der Teetasse, doch ihre Hände zitterten so stark, dass der Tee auf den Tisch schwappte. Hannah schluchzte auf und Gerda nahm sie in die Arme.

In den Armen ihrer Schwester konnte Hannah endlich ihre Anspannung loslassen und die Erinnerung an die schreckliche Zeit des Wartens von damals zulassen. Sie musste daran denken, als sie mit Hermann an den Gleisen stand. Hermann war zur Westfront abkommandiert worden. Auch das Gesuch von Hermanns Vater, seinen Sohn im kriegstauglichen Betrieb zu benötigen, konnte nichts an dem Einberufungsbefehl ändern. Hitler brauchte jeden Soldaten für seinen Widerstand auf dem Corentin! Züge fuhren in den Frankfurter Bahnhof ein und wieder raus. Frankfurt war ein sogenannter Sackbahnhof. Eine Lokomotive fauchte ihren Rauch unerbittlich aus wie ein schrecklicher Drache und erinnerte an den Aufbruch. Die Gleise wurden mit weißgrauen Wolken bedeckt und hüllten sie und Hermann ein. So gern würde sie darin mit Hermann verschwinden und die unwirkliche Szenerie verlassen. Sie klammerte sich an Hermann und sah die Angst in seinen Augen. Sie wusste, dass er kein Feigling war, aber der Krieg war ihm zuwider. Das hatte er ihr oft gesagt. Nach der Einberufung wollte sich Hermann von der Kellertreppe stürzen. Doch der Großvater riet davon ab. Er hatte Deserteure auf dem Marktplatz gesehen, die man dort zur Abschreckung aufgehängt hatte. Sie hatten verzweifelt nach einem Ausweg gesucht. Nun standen sie hier in dem alptraumartigen Trubel und Hannah fand keine Worte für ihr schweres Herz. Sie hielt Hermanns Hand und sah ihre Tränen, die darauf fielen. Um sie herum schwirrten Stimmen, mal laut mal ängstlich, Menschen weinten und riefen Namen. Soldaten, die laut grölend ihre Angst durch Kampflieder zu beschwichtigen versuchten, marschierten an ihnen vorbei und ihre Parolen trafen Hannah wie Pfeile ins Herz. Die Zeiger der Bahnhofsuhr rückten vor und gaben keine Minute mehr frei, um dem Unaussprechlichen eine Chance zu geben. So hielten sie sich verzweifelt aneinander fest, bis die Trillerpfeife des Schaffners sie in die Wirklichkeit katapultierte. Hermann löste sich aus der Umarmung und sprang in den Zug. Durch die Scheibe des Waggons warf sie ihm eine Kusshand zu. Ein leises Ziehen in ihrem Bauch zog hoch bis zu ihrem Herz und ein Kloß setzte sich in ihrem Hals fest. Während der Zug den Bahnhof verlies, fragte sie sich, ob Hermann je zurückkehren würde, um sein Kind auf den Armen halten zu können.

SIRENENALARM. Gerda sprang vom Tisch auf und griff nach ihrer Tasche. Hannah und sie hatten zu Abend gegessen. Hannah versuchte es ebenfalls, doch mit ihrem Schwangerschaftsbauch gelang es nur langsam. Als sie sich aufrichten wollte, wurde sie von einem gewaltigen Schmerz in die Knie gezwungen. Ein warmer Strahl lief an ihren Beinen herunter. „Gerda, mein Gott, ich glaube das Baby kommt." Gerda ließ ihre Tasche fallen und eilte zu ihrer Schwester. Gerda wog die Situation in ihrem

Gedanken ab. In den Bunker würden sie es nicht mehr schaffen. Die Chance auf einen Arzt oder eine Hebamme war ausweglos. Es gab keine Alternative. Sie mussten die Geburt jetzt durchstehen und hoffentlich den Angriff überleben. Hannah atmete schwer und die Wehen ergriffen ihren Körper wie ein gewaltiger Sturm, den nichts aufhalten konnte und der im nächsten Moment wieder abflaute. Hannah packte Gerdas Hand. Schweißperlen standen auf ihrer Stirn und ihre Augen wanderten unruhig hin und her. Während der nächsten Wehen, die nun schneller hintereinander an den äußersten Schmerzpegel brandeten, schlug eine Granate in das Nachbarhaus ein. Hannah schrie vor lauter Panik wie ein wildes Tier. Dadurch verkrampfte sie sich um so mehr. Sie begann schneller zu atmen, die weißen Augäpfel traten hervor und dann wurde sie ohnmächtig.

Schemenhaft nahm Hannah die weißen Vorhänge um ihr Bett herum wahr. Langsam drang ein dumpfer Wundschmerz von ihrem Unterleib ausgehend in ihr Bewusstsein. Sie ertastete ihren Bauch unter der dünnen Bettdecke. Ein dicker Verband war dort, wo einmal ihr Kind in ihr war. Es fühlte sich wie ein Luftballon an, aus dem die Luft entwichen war. Was war mit ihrem Kind? Hannah versuchte sich aufzurichten, doch sofort fraß sich ein stechender Schmerz in ihre Eingeweide und sie ließ sich wieder zurück in ihr Bett gleiten. Verzweiflung und schreckliche Einsamkeit setzten sich auf ihre Bettdecke und nahmen ihr die Luft zum Atmen. Was war geschehen und wo war Gerda und ihr Kind? Warum waren sie nicht hier bei ihr? Hatten sie nicht überlebt? Sie konnte

sich nur an den Einschlag der Granate unweit von ihrer gemeinsamen Mansarde erinnern. Danach war alles dunkel geworden.
Die Vorhänge um ihr Bett wurden zur Seite geschoben und ein junges Gesicht, umrahmt von einer weißen Haube, erschien zwischen den Stoffbahnen. Die Schwester trat an Hannahs Bett heran. „Hannah, wie geht es ihnen? Ich habe ihnen jemanden mitgebracht." Die Schwester strahlte und legte Hannah ein kleines Bündel in den Arm. „Sie haben eine Tochter geboren. Herzlichen Glückwunsch." Hannah nahm vorsichtig die Decke zur Seite, um das Gesicht ihres Kindes zu sehen. Sie hielt ihr Kind in ihrem Arm und fühlte sich erhaben über all den Schmerz. All das Leid um sie herum versank in einem zarten Gazetuch, sanft aus Mutterliebe gewoben. Sie legte zärtlich ihre Hand um das Köpfchen und fühlte sich mit allen Müttern der Erde verbunden, die alles dafür tun würden, um ihr Kind zu beschützen. „Ich werde immer für dich da sein!" Dieser Satz floss aus ihr heraus und es kam ihr wie ein heiliges Versprechen vor. Ella war geboren.
In der kleinen Mansarde über den zerbombten Dächern von Frankfurt, brannte eine Kerze auf dem Tisch. Hannah und Gerda wärmten ihre Hände an den dampfenden Teetassen. Gerda hatte diese kleine Wohnung gefunden, als sie ihr Gesangsstudium in Frankfurt begonnen hatte. Später war ihr Hannah gefolgt, die nicht allein bei den Eltern bleiben wollte. Ella lag in dem einzigen Bett des Raumes, das sie sich teilen mussten. Die Nächte waren kalt und wenn Hannah

aufstehen musste, um Ella eine Flasche zu machen, kuschelte sich Gerda an ihre Nichte, um sie zu wärmen. Hannah nahm Gerdas Hand und hielt sie lange. „Gerda, ohne dich wären Ella und ich gestorben. Ich verdanke dir so viel.“ Gerda sah Hannah liebevoll an. „Rehlein, ja, ich habe dich auf die Straße geschleppt. Zum Glück konnte dich ein Krankenwagen aufnehmen. Im Hospital mussten sie einen Kaiserschnitt durchführen. Dass du es überlebt hast, war deine Kraft und der Wille für dein Kind überleben zu wollen. So sehe ich das.“ Wie auf ein Zeichen weinte Ella und Hannah eilte zu ihr, um sie zu beruhigen. Ella schlief wieder ein und Hannah kehrte zum Tisch zurück. „Gerda, ich habe solche Angst um Ella. Wie lange wird der Krieg noch dauern? Die Versorgungslage wird immer schlechter. Was wird aus uns nach dem Krieg? Ich vermisse Hermann so sehr und manchmal weiß ich nicht, wie ich ohne ihn weitermachen soll.“

Am 26. März 1945 überquerten die Amerikaner die Frankfurter Stadtgrenze. Gerda und Hannah hatten sich in den letzten Kriegstagen im Keller versteckt. Überall waren Gefechtsfeuer zu hören. Sie fühlten sich von all den Bombenangriffen ausgehöhlt und übernächtigt. Zu Essen hatten sie kaum mehr etwas. Hannah wollte nur noch schlafen. Doch Ella war hungrig und sie selbst hatte kaum noch Milch bei der schlechten Ernährung. Gerda versuchte, Milch von den Bauern aufzutreiben. Doch die Milch war zu fett für das Kind, es bekam Koliken und schrie stundenlang. Hannah hatte keine Kraft mehr. Gerda versuchte aus dem wenigen, das sie mit den

Lebensmittelmarken ergattern konnte, etwas Nahrhaftes auf den Tisch zu bringen. Es reichte trotz allem nicht und die Schwestern waren gezwungen, ihren Familienschmuck zu verkaufen, um das Lebensnötige auf dem Schwarzmarkt zu kaufen. So schmolzen ihre finanziellen Möglichkeiten, wie auch ihre Zuversicht dahin. Hannah glaubte nicht mehr daran, Hermann lebend wiederzusehen und damit verblasste auch das Bild in ihr, wie sie Hermann seine kleine Tochter in die Arme legen würde. Für diese Hoffnung hatte sie jeden Tag mit seinen Mühen überstanden. Doch von Hermann kamen keine Nachrichten. Wenn sie Ella anschaute, spürte sie, wie die Tränen in ihr aufstiegen. Dieses Kind würde ohne Vater aufwachsen müssen und ohne die wohlige Geborgenheit einer Familie. Konnte sie die Kraft aufbringen, Ella eine starke und fröhliche Mutter zu sein? Zurzeit nahm es all ihre Kraft in Anspruch, ihr Kind zu versorgen. Weiter konnte sie nicht denken.

Dann war es so weit. Die Amerikaner erreichten ihr Haus. Es waren nur noch Frauen im Haus. Sie saßen schutzlos zusammengekauert und zitternd vor Angst in ihrem Verließ. Sie hörten, wie oben eine Tür eingetreten wurde. Dann kamen sie runter. Hannah stand mit Ella auf dem Arm auf. Einer Mutter mit einem Baby würden sie doch nichts antun, dachte sie mit klopfendem Herzen. Die Tür ging auf und Hannah stand ihrem ersten amerikanischen Soldaten gegenüber. Er streichelte Ella über die Wange und gab Hannah eine Dose mit Schokolade. „War is over“, und Hannah liefen die Tränen über das Gesicht.

Mit den Besatzern verbesserte sich die Situation der beiden Schwestern. Gerda bekam eine Stelle in der Küche der „Amis". Alle Arbeiterinnen bekamen oft etwas von den Soldaten zugesteckt. Zum Beispiel wurde das Fett von den Fleischrationen für die Soldaten abgeschnitten, da sie es nicht mochten. Die fetten Stücke durften die Frauen mit nach Hause nehmen. Dort entstanden dann die herrlichsten Suppen daraus. Eine Kartoffel und eine Mohrrübe im Fleischsud gekocht, das war eine wunderbare Abwechslung in diesen kargen Zeiten. Auch gab es manchmal Schokolade für Ella. Einmal brachten ihr die Männer Nylonstrümpfe mit. Gerda und Hannah jubelten daheim.
Gerda knuffte ihrer Schwester liebevoll in die Seite. Hannah legte ihr Strickzeug murrend weg. Ella schlief friedlich in ihrem Bettchen und Hannah genoss die wenigen Minuten des Tages, die sie nicht mit Kochen, Putzen und Windeln waschen verbrachte. Müde schaute sie zu ihrer Schwester hinüber. „Hannah, weißt du, was ich heute gehört habe? In Langen haben sie einen Tanzkeller aufgemacht. Dort treffen sich amerikanische Soldaten mit deutschen Frauen zum Tanzen." Hannah winkte ab. „Das ist verboten. Offiziell dürfen sich amerikanische Soldaten nicht mit den Deutschen abgeben." Gerda lachte laut und es sprudelte aus ihr heraus. „Hannah, ich habe eine Idee. Unser Onkel hat doch diesen Keller in Dreieichenheim. Den bauen wir zum Tanzkeller um. Du lädst unsere Freundinnen ein und ich die Arbeiterinnen aus der Küche. Das spricht sich schnell rum und die Amis werden nicht lange auf sich warten lassen, wenn es darum

geht, sich zu amüsieren." Hannah konnte der Idee wenig abgewinnen. „Was haben wir davon Gerda? Es ist gefährlich und ich sehe den Sinn nicht darin." Gerda umarmte ihre Schwester. „Mensch, Langbein, meinst du es wäre nicht an der Zeit, dass du mal wieder deine schönen Beine zeigst? Wir können mal wieder Spaß haben, ein bisschen das Leben genießen und dabei auch etwas Geld verdienen. Die Soldaten müssen dafür etwas geben. Zigaretten oder Lebensmittel. Die wiederum können wir verkaufen oder tauschen. Die Amerikaner haben ihren Spaß und wir unser Auskommen. Das ist doch gerecht. Hey, wie findest du das?"

Nachdem Gerda Hannah überzeugen konnte, dass der Keller nicht auffallen würde, und sie sehr vorsichtig mit der Planung sein würden, gab sie ihr Einverständnis. Sie entrümpelten den Keller, stellten ein paar Tische und Stühle hinein und ließen in der Mitte einen großen Platz als Tanzfläche frei. Gerda fand schnell begeisterte Besucher für ihren Tanzkeller. Die Soldaten kümmerten sich um Musik und Getränke. Hannah lud Freundinnen ein, und die jungen Frauen waren begeistert über eine Abwechslung, für die auch es noch etwas zu essen gab.

Die Abende waren ein Erfolg. Die Soldaten und die Frauen waren zufrieden. Hannah und Gerda hatten ihr Auskommen dadurch und niemand bekam von den Tanzveranstaltungen im Keller etwas mit. Einige Romanzen gingen aus diesen Treffen hervor. Offiziell waren diese Verbindungen verpönt, doch die jungen Amis sahen gut aus und es ging einem nicht schlecht als Amiliebchen. Später, im Oktober 1945, wurden diese

Fraternisierungsverbote aufgehoben. Gerda und Hannah fanden ein altes Ausflugslokal, das sie mehrmals in der Woche anmieten konnten. Hier organisierten sie ihre Varietéabende. Gerda sang und Hannah tanzte. Die Choreografie der Tänze entwickelte sie selbst. Vor dem Krieg hatte sie einige Ballettstunden erhalten und ihre Lehrerin hielt sie für talentiert. Sie wurde für ein Stipendium für die Frankfurter Oper vorgeschlagen. Doch dann vereitelte der Krieg diese Pläne.

Durch die kleinen „Kulturabende" der Schwestern, fand auch Hannah ein wenig Aufmunterung von ihrer Niedergeschlagenheit.

Für eine neue Euphorie in ihrem Leben sorgte eine Karte vom Roten Kreuz. Die Karte gab Auskunft über die Gefangennahme Hermanns in der Normandie, seinem Gesundheitszustand und einer Adresse. Hannah schrieb sofort an Hermann. Die Tage verflogen nun mit einer vorsichtigen Leichtigkeit und einer sinnlichen Geschmeidigkeit, die aus der Hoffnung der Wiederkehr des Mannes erwuchs, der Hannah einen Grund zum Leben gab. Die Morgenröte versprach wieder ein Leben in Schönheit und jeder Sonnenuntergang die Prophezeiung eines gemeinsamen Lebens. Hannah klammerte sich daran wie ein Süchtiger an seine Drogen. Sie erfreute sich an ihrem Kind und erwachte aus dem lethargischen Wachzustand, der nicht mehr zuließ, als das Versorgen des Kindes.

Doch dies lag nun hinter ihr. Hermann würde zurückkommen und es gab viel zu tun. In der kleinen Mansarde konnten sie nicht zu dritt bleiben. Also zog Hannah zu

ihren Eltern nach Langen. Im Haus der Eltern standen zwei Zimmer frei, und eine Milchküche im Hof konnte sie als Küche nutzen. Das musste erst mal reichen für die kleine Familie.
Hannah war zufrieden mit dem Ergebnis ihrer Wohnungseinrichtung. Ihr Vater, Friedel, hatte das alte Ehebett ihrer Großeltern aus dem Keller geholt und einmal neu poliert, sah es ganz passabel aus. Eine Kommode, die Hannahs Mutter Dorothea selbst als Wickelkommode für sie benutzt hatte, diente nun als Schrank. Für einen richtigen Schrank fehlte das Geld. Dorothea verdiente mit ihrem Textilhandel mit den Bauern nicht viel. Meistens tauschte sie die Arbeitsbekleidung gegen Milch, Fleisch und Eier ein. So hatten sie mit ihrem eigenen Gemüsegarten ein Auskommen, das ausreichte, um auch Hannahs Familie zu ernähren. Dies beruhigte Hannah sehr. Sie würden zu essen haben und ein Dach über dem Kopf, und wenn Hermann erst einmal wieder zu Hause wäre, würde er gewiss bei seinem Vater Arbeit finden können. Jetzt musste sie die Zeit des Wartens überstehen. Ihre Mutter hatte ihr aus ihren Beständen ein paar Gardinen aus Wachstuch gespendet. Das Wohnzimmer wirkte noch spartanisch, bestehend aus zwei Sesseln und einem kleinen Tisch. Nur eine Stehlampe mit einem verbogenen Schirm konnte etwas Gemütlichkeit ausstrahlen. In die Küche gelangte man über eine steile Stiege nach unten. Eine Kochmaschine sorgte für Wärme, die auch in die oberen Räume stieg.
Hannah schaute aus dem Fenster in den Hof, der von einer prächtigen Kastanie beherrscht wurde. Im Sommer

bot das dichte Blattwerk herrlichen Schatten, und manch kühner Mädchentraum war aus der Krone herabgesunken auf die hitzigen Köpfe von Hannah und Gerda, die unter der Kastanie ruhten. Hannah versank in schwärmender Erinnerung. Hinter der Kastanie grenzte eine Mauer das Grundstück ab. Jeden Abend wartete Hannah dort auf Hermann, der erst seine Arbeit in der Gaststube beenden musste. Hannah hörte ihn schon, wenn er sein Fahrrad hinter der Mauer abstellte. Dann schlich er zur Kastanie und stieß einen leisen Pfiff aus, den Hannah aber schon nicht mehr hörte, da sie bereits nach unten eilte. Zusammen schlichen sie sich durch die junge Nacht. Spazierten durch die ruhigen Gassen hinaus auf die Felder. Immer wieder hielten sie an, um sich zu küssen und dann liebestrunken ihren Weg fortzusetzen. Sie versicherten sich ständig ihre Liebe und träumten von ihrer Zukunft.

Diese Zukunft endete mit dem Einberufungsbefehl. Hannah schob die Bilder einer glücklichen Vergangenheit beiseite. Hermann lebte und er befand sich in alliierter Gefangenschaft. Sie hatte von Frauen gehört, deren Männer in russische Gefangenschaft geraten waren und die sehr schlecht behandelt worden waren. Hannah sah Hermann vor sich, bevor er in den Krieg musste. Dieser schlaksige, verspielte Mann mit seinen liebevollen Augen, die immer strahlten, seinem zerzausten blonden Haarschopf mit Lausbudenschnitt, seinem verschmitzten Lächeln und seiner zauberhaften Art, ihr zuzuhören, die ihr das Gefühl gab, das Wichtigste in seinem Leben zu sein. Der Mann, der so viele Träume hatte, und sie mit ihr teilen wollte. Würde er noch dieser Mann sein, wenn er heimkehrte? Hannah hatte von Männern gehört, die völlig verstört aus dem Krieg kamen und ihr altes Leben nicht mehr aufnehmen konnten. Ab 1947 häuften sich die Hinweise, dass die Alliierten ihre Gefangenen nach Hause schickten.

Auch in Frankfurt trafen die ersten Rücktransporte ein. Von Hermann erhielt Hannah keine Nachricht und auch auf ihren Brief war keine Antwort erfolgt. So blieb ihr nur das Warten und der Bahnhof wurde zu einem Ort der Hoffnung und der Verzweiflung gleichzeitig. Immer, wenn die Frauen von Rücktransporten hörten, versammelten sie sich auf dem Bahngleis. Sie warteten oft stundenlang und dabei hatten sie sich kennengelernt und ihre Geschichten erzählt. Es war eine kleine, eingeschworene Schicksalsgemeinschaft, die sich da auf den kalten Gleisen einfand. Doch es lenkte Hannah von ihrem eigenen Leid ab, wenn sie von den Schicksalen der anderen Frauen erfuhr, wenn sie andere trösten konnte und auch selbst Trost und Zuspruch erfuhr. Es hatten sich schon Freundschaften gebildet und es kam auch vor, dass eine, die sich in besonderer Not befand, auch Hilfe und Unterstützung bekam.

Doch Hannah wartete und wartete. Hielt ihre kleine Wohnung sauber und kümmerte sich um Ella. An den Wochenenden zauberte sie sich ein Lächeln aufs Gesicht und gab die verführerische Nachkriegsbraut in ihrem gemeinsamen Varieté. So verging Monat um Monat, doch Hermann kam nicht. Die Zeit schliff die Hoffnung ab und nagte an Hannahs Optimismus. Ihr verging die

Lust an Liedern wie *Mecki Messer* und *Ich bin von Kopf bis Fuß auf Liebe eingestellt* und ihr Rumgehampel dazu, dass einer Mata Hari gleichen sollte, kam ihr albern vor. Warum sollte sie andere unterhalten und aufmuntern, wenn sie selbst keinen Lebensmut spürte?

Die Tage vergingen ohne die verheißungsvolle Erwartung einer Zukunft. So blieben nur die alltäglichen Verrichtungen und Pflichten. Hannah musste den Haushalt führen, da Dorothea viel unterwegs war, um den Handel voranzutreiben. Es musste ein Essen auf den Tisch gebracht werden für Friedel, ihren Vater, der als Postbeamter mit dem Fahrrad unterwegs war. Er war auch zuständig für die guten und schlechten Nachrichten, über den Verbleib der Kriegsgefangenen. Immer wenn er die Küche betrat, schaute Hannah ihren Vater erwartungsvoll an. Wenn sie in sein trauriges Gesicht sah und er den Kopf schüttelte, wandte Hannah sich ab, um ihre Enttäuschung nicht zu zeigen. Abends im Bett weinte sie sich in den Schlaf und in den Träumen wanderte sie mit Hermann bis zum Rand der heimatlichen Felder, bis sie an eine Abbruchkante stießen. Hermann nahm ihr Gesicht in seine Hände, küsste sie zärtlich und dann sprang er über die Kante. Hannah schrie auf und erwachte schweißgebadet.

Sie schaute nach Ella, die neben ihr friedlich schlief. Sie stand auf und setzte Wasser auf. Sie kochte ein Fläschchen für ihr Kind und stellte es neben das Bett. Deckte Ella gut zu und zog sich an. Stieg leise die Treppe herunter, öffnete vorsichtig die Tür und trat in den dämmernden Morgen. Mit schlafwandlerischer Sicherheit lief sie

aus der Stadt heraus über die Felder, über die sie so oft mit Hermann gegangen war. Sie wollte zu dieser Kante aus ihrem Traum. Dort würde sie Hermann wiedersehen und mit ihm gemeinsam springen.
Der Morgen war kalt. Doch Hannah spürte die Kälte nicht. Sie lief und lief immer weiter. Tränen rannen über ihr Gesicht und sie sah den Weg nicht mehr. Es gab keine Kante und keinen Hermann. Sie war allein und sie wollte nicht mehr stark sein. Auch nicht für Ella. Ihre Eltern und Gerda würden sich um ihr Kind kümmern, besser als sie es vermochte. Ausgehöhlt von dem Schmerz, Hermann nie wiederzusehen, hatte sie nur das Bedürfnis nach Schlaf; und am besten für immer. Sie legte sich auf den kalten Boden. Im Osten ging eine blasse Sonne auf.

THE FIRST CUT IS THE DEEPEST

Ella legte ihre Hand auf die Fensterscheibe. Sie wollte diese Welt da draußen berühren, daran teilhaben, doch sie wusste um die trennende Scheibe dazwischen. Nur sie allein kannte das dünne Eis unter ihren Füssen.
Sie hatte sich so bemüht, die Schatten der Vergangenheit abzustreifen. Doch es war ihr nicht gelungen. Alles kostete sie so viel Kraft. Manchmal saß sie nur da und fand keine Energie etwas zu tun. Dann legte sie sich wieder ins Bett. Als Kind lag sie manchmal tagelang im Bett und stand nur auf, um zur Toilette zu gehen. Das waren die Tage, wenn Vater sich im Wohnzimmer einschloss. Dann hörte er seine Schallplatten. Ella wusste, dass ihr Vater die Musik eines Komponisten mit dem Namen Wagner hörte. Ihr gefiel die Musik nicht. Sie war schwer und düster, wie alles in diesem Haus, seit Mutter nicht mehr da war.
Unter ihrem Bett hatte sie eine Holzkiste mit Fotografien ihrer Mutter versteckt. Die schaute sie sich an, wenn ihr Vater nicht da war. Tante Gerda hatte sie ihr einmal geschenkt. Zu Hause gab es keine Bilder von ihrer Mutter. Ihr Vater hatte sie irgendwann von den Wänden abgehängt. Ihre Mutter war eine schöne Frau und mit ihren schlanken, langen Beinen und mit ihren wunderschönen, braunen Locken mit ihrem seidenen Glanz, wirkte sie wie eine Schauspielerin. Wenn Vater sich einsperrte und seine Musik hörte, gab es nichts zu essen. Für diese Zeiten hatte sich Ella ein paar Kekse in eine Dose gesteckt, die ihr dann als Notration dienten. Doch schlimm

war nicht der Hunger, sondern die Angst. Irgendwann kam ihr Vater aus seinem Zimmer heraus und verließ das Haus. Er sagte ihr nicht, wohin er ging. Und dann hatte sie Angst, dass er nicht mehr zurückkam. Stundenlang lag sie in ihrem Bett und wartete auf ihn. Ihr Herz klopfte, die Angst schnürte ihr die Kehle zu und sie fühlte ihren Körper nicht mehr.

Sie war sich sicher, irgendwann würde Vater nicht mehr von seinen nächtlichen Streifzügen zurückkommen. Bei diesem Gedanken wurde ihr so kalt und es half auch nicht, sich tiefer in die Bettdecke einzugraben. In diesem Haus gab es keine Wärme. Spät in der Nacht kam ihr Vater nach Hause und setzte sich an ihr Bett. Er machte kein Licht. Blieb einfach stillsitzen und nahm ihre Hand. Dann traute Ella sich nicht zu rühren, blieb ganz still liegen, denn sie wollte diesen Moment nicht verschrecken. Sie wollte ihn ganz für sich haben, nur diese Hand spüren. Sie konnte die Tränen ihres Vaters nicht sehen. Doch sie wusste, dass sie ihm über die Wangen liefen.

Ella hatte sich ganz in ihrer Erinnerung verloren, als ihr Mann die Küche betrat. „Möchtest du Frühstück?“, fragte Ella. „Nein“, antwortete Fred und schenkte sich mit zittrigen Händen einen Kaffee ein. Er sah blass und müde aus. „Hast du schlecht geschlafen?“, fragte Ella. „Wir müssen reden“, sagte er, ohne auf ihre Frage einzugehen. „Ich habe über uns nachgedacht. Ich glaube, wir brauchen eine Pause voneinander.“ Ella schaute auf ihre feingliedrigen Hände, die ihre Kaffeetasse umklammert hielten. Auf ihre Hände war sie immer stolz gewesen. Sie liebte Menschen mit schönen Händen, die die Worte tanzen ließen. „Hörst du mir überhaupt zu?", unterbrach ihr Mann sie in ihren Gedankengängen. Was hatte er gerade zu ihr gesagt? Manchmal konnte sie sich nicht darauf konzentrieren, was Menschen sagten. Wenn ihr Vater sie anschrie, weil sie bei den Schularbeiten wieder etwas nicht verstanden hatte, zog sie sich innerlich in ihr Schneckenhaus zurück. Sie hatte sich einen Kokon gesponnen, in den die Gewalt ihres Vaters nicht dringen konnte. Später, als Erwachsene, fiel es ihr schwer, den Kokon zu verlassen, und so passierte ihr es immer wieder, dass ihr mitten in einem Gespräch der Faden riss, und sie verlor die Worte der anderen. Was hatte Fred zu ihr gesagt. Er braucht eine Pause. Eine Pause von ihr? „Fred, ich liebe dich. Ich weiß, es ist nicht immer einfach mit mir. Aber ich gebe mir Mühe, alles richtig zu machen." „Ella, ich weiß das, aber ich kann nicht mehr, ich halte es nicht mehr aus. Ständig hast du vor allen möglichen Dingen Angst. Du ziehst dich immer mehr zurück und bleibst nur noch im Haus. Das ist doch kein Leben. Ich habe immer Verständnis für dich gehabt und ich weiß, dass deine Kindheit nicht glücklich war. Aber ich habe einen Job, der mich fordert, ich kann nicht die Nächte mit deinen Panikattacken verbringen. Ich brauche eine belastbare Frau, die hinter mir steht und mich unterstützt."

Tränen liefen über Ellas Gesicht. Es stimmte ja, was Fred sagte. Als er ihr eine Hochzeitsreise nach New York schenkte, verließ sie eine Woche lang nicht das Hotel. Damals hielt er es für Verliebtheit, dass sie immer nur im Hotel mit ihm bleiben wollte und nicht für eine

Panikstörung. Später wurden ihre Panikanfälle offensichtlicher. Sie konnte nicht allein bleiben, wenn er auf Geschäftsreise ging. Wenn sie verreisten, musste sie vorher alle möglichen Ärzte konsultieren, um sicher zu sein, dass sie unter keiner ernsthaften Krankheit litt. Sie hatte immer alle Medikamente dabei. Ständig fühlte sie sich von Dingen bedroht und stellte sich vor, welche Katastrophen passieren konnten. Ihr Leben wurde immer eingeschränkter. Sie hatte Angst vor einsamen Gegenden, wo man keine Hilfe bekam. Am liebsten blieb sie mit ihm zu Hause.

„Ella, das ist kein Leben mehr, ich kann es mit dir nicht mehr genießen. Was ist denn mit dir los? Ich verstehe dich nicht.“ Ja, sie verstand sich ja selbst nicht. Sie wollte doch dieses Leben mit Fred. Warum konnte sie nicht einfach glücklich sein? Am Anfang war alles so einfach gewesen. Sie waren verliebt und die Welt wirkte verzaubert. Der Dämon in ihr schien gezähmt. Oder schlief er nur, und sie wähnte sich in Sicherheit? In ihrem gemeinsamen Alltag erwachte er wieder. Meistens geschah es nachts. Während Fred schon lange neben ihr schlief und sie noch wach lag. Es war, als würde ES langsam in ihren Körper kriechen. Ein ungutes Gefühl. Sie konnte es nicht ganz ergründen. Eine kalte Hand griff nach ihrem Herzen und sie fühlte, dass irgendetwas in ihrem Leben überhaupt nicht in Ordnung war. Dann begann ihr Herz zu rasen und Panik brach in ihr aus. Sie hatte Angst, ins Bodenlose zu stürzen und die Kontrolle zu verlieren. Die Ängste kamen immer nachts, und irgendwann begann sie sich davor zu fürchten, ins Bett zu gehen. Ihr Hausarzt verschrieb ihr Schlaftabletten. Aber die lösten nicht ihre Probleme. Sie glaubte, langsam aber sicher verrückt zu werden.

Ella schaute ihren Mann an. Auch er war nicht mehr der Mann, in den sie sich damals verliebt hatte. Dieser Mann war zärtlich und fantasievoll gewesen und er hatte ihr ein Gefühl von Sicherheit und Geborgenheit gegeben. Doch in den letzten Jahren war sie sich nicht mehr sicher, ob er sie noch begehrte. Sie war davon überzeugt, dass er sie wegen ihrer Ängste und Schwäche verachtete und das machte sie noch unsicherer. Sie versuchte ihre Panik vor ihm zu verbergen. Doch sie war sich sicher, dass er es spürte. In diesem Moment wandte Fred sich an seine Frau. „Ella, denkst du eigentlich auch mal an mich? Komme ich in deinen manischen Gedankengängen vor? Es dreht sich in unserer Ehe doch nur um dich und deine inneren Befindlichkeiten. Du lebst in deiner eigenen Welt, Ella, zu der ich keinen Zugang mehr finde. Ich verstehe dich nicht und ich will es auch gar nicht mehr verstehen."

Ella hatte sich auf einen Stuhl sinken lassen. Sie stützte ihren Kopf in ihre Hände und fing an zu weinen. „Ich versuche es ja, ich will mit dir leben, ein normales Leben haben. Ich schaffe es nicht. Ich bin zu schwach für diese Welt. Du bist alles, was ich habe, lass mich nicht allein."

„Genau das ist es Ella", fiel ihr Fred ins Wort, „ich kann es nicht mehr hören, dein: Ich kann nicht mehr. Ich habe dir geraten, dein Studium wieder aufzunehmen, um etwas Eigenes für dich zu machen. Aber du machst nichts damit, du lässt dich gehen, liegst tagelang im Bett und ich soll dir die Hand halten und Tee kochen. Ich habe genug Ella. Ich gehe! Kümmere dich um dich selbst, mehr verlange ich nicht. Wenn es dir besser geht, können wir darüber reden, ob es für uns eine Zukunft gibt.“ Ellas Gesichtsfarbe wechselte zu einer gefährlichen Blässe. „Das ist doch nicht dein Ernst oder Fred?“, hauchte Ella mit fast tonloser Stimme. „Es ist mir so ernst Ella, dass ich jetzt nach oben gehe und meine Sachen zusammenpacken werde.“

Ella war unfähig, sich zu bewegen. Sie saß nur da und schaute auf ihre Hände. Sie hörte, wie Fred im Schlafzimmer herumging und packte. Leise stieg sie die Treppen nach oben und stand in der offenen Tür zum Schlafzimmer. „Fred, bitte lass es uns noch mal versuchen, sag mir, was ich tun soll“. Ella sprach mit zittriger Stimme. Fred stieß sie hart zur Seite und ging ins Badezimmer. „Fred, das kann doch nicht unser Ende sein.“ Fred sah ihr in die Augen. In seinem Blick lag eine Härte, die sie noch nie an ihm gesehen hatte. „Ella, es liegt bei dir, entscheide dich für oder gegen das Leben. Es liegt in deiner Hand. Übernimm endlich Verantwortung für dich, ich kann dir dabei nicht helfen. Du musst den Schritt allein machen. Ella, mach irgend etwas, damit du dich besser fühlst. Ich kann so nicht mehr mit dir leben.“ Fred ergriff seine Tasche und nahm seinen Autoschlüssel vom Tisch. „Wohin gehst du denn? Kann ich dich anrufen? Fred, bitte lass uns nochmal reden.“ Fred war schon die Treppe heruntergelaufen und ohne sich noch mal umzudrehen, öffnete er die Tür und schlug sie hinter sich zu. Ella hielt sich die Ohren zu. Doch sie hörte die Tür noch in ihrem Inneren und dort hallte ein Echo der kalten Angst nach. „Was soll ich denn tun? Was soll ich denn jetzt tun?“, schrie Ella in das leere Haus hinein. Unheimliche Stille kroch von den Wänden. Diese Stille kannte sie nur zu gut. Ella schleppte sich zur Couch. Sie vergrub ihr Gesicht in die Kissen. Sie konnte diese Stille nicht mehr ertragen.

Fred war gegangen, ohne ihr zu sagen, wohin. Für wie lange würde er fortbleiben? Würde er überhaupt zurückkehren? Es hing von ihr ab, hatte er gesagt. Etwas stimmte nicht mit ihr. So hatte sie sich schon als Kind gefühlt. Aber was sollte sie tun? Das wusste sie als Kind auch nicht. Sie wollte nicht, dass Vater so traurig war. Dann klettere sie auf seinen Schoss und wollte sich ganz eng an ihn schmiegen. Doch er stieß sie weg, stand auf und ging in sein Zimmer. Sie blieb dann allein liegen und weinte in ein Kissen. Sie spürte, es musste etwas Schreckliches geschehen sein, was Vater so traurig gemacht hatte. Doch was war passiert und war sie daran schuld? Immer, wenn sie ihren Vater nach ihrer Mutter fragte, blockte er ab. Er hatte ihr gesagt, ihre Mutter wäre sehr krank und müsste in einem anderen Land in einer Klinik behandelt werden. Das Klima hier wäre für sie tödlich. Warum können wir sie denn nicht mal besuchen, hatte sie gefragt. Er hatte geantwortet, es wäre zu teuer und würde Mutter nicht guttun. Aber das könnte sie noch nicht verstehen. Ella verstand dies nicht und sie fühlte sich so klein, so ungeschützt und hilflos. Dieses Gefühl verfolgte sie ihr ganzes Leben. Und da lag sie nun, eine erwachsene, verlassene Frau. Sie hatte ihren Vater verloren und jetzt auch ihren Mann. Sie rollte sich klein zusammen und fühlte sich wie das kleine Mädchen, das auf den Vater wartet. Es war kalt im Zimmer und sie fröstelte wie damals in ihrem Kinderzimmer. Eine Welle der Angst durchströmte sie. Sie musste weg aus diesem Haus. Sie konnte nicht mehr atmen in diesen Wänden. Ihr Herz raste und die Stille im Haus ließ Panik in ihr hochsteigen. Hastig stand sie auf. Sie wollte nur noch weg. Raus aus dieser gemeinsamen Wohnung. Weglaufen vor der Stille, vor dem Unheimlichen, was da in ihr wohnte und was sie nicht benennen konnte. Immer überfiel es sie. Sie wollte doch nur leben. Warum konnte sie nicht normal leben, wie andere auch. Warum wurde sie so bestraft? Das Leben war nicht fair. Sie bestellte sich ein Taxi und ließ sich zur nächsten Tankstelle fahren, wo sie sich eine Flasche Wodka kaufte.

Ella lief über eine einsame Landstraße und trank aus der Flasche. Nach einer Weile bog sie in einen Feldweg ein. Sie setzte sich auf den aufgeweichten Weg und zog ihre restlichen Schlaftabletten aus ihrer Manteltasche. Sie spülte alle mit Wodka hinunter. Sie legte sich einfach auf die Erde und wollte nur noch schlafen. Ihr schönes Kostüm wurde vom Schlamm bedeckt. Sie schaute in den dunklen Himmel. Sie spürte die Kälte und ihren Körper nicht mehr. Sie rollte sich zusammen und zog ihre Beine ganz nah zu sich heran. Nichts mehr fühlen wollen, nur noch schlafen. Sie schloss ihre Augen und dann wurde alles schwarz.

DAS EIS BRICHT EIN

Dicke, leise Flocken fielen vom Himmel und bedeckten die Erde mit stillem Flaum. Alle Geräusche wurden vom Schnee verschluckt und gaben dem sonst so hektischen, vorweihnachtlichen Treiben ein Stück Frieden. Ella wollte nur noch schlafen. Sie schwebte auf einer Wolke, betäubt von Barbituraten. Sie liebte diesen Zustand, in dem ihr Bewusstsein gedämpft und ihre Angst in Watte gepackt war. Sie wähnte sich in Sicherheit und die Ärzte würden sich um sie kümmern und die Verantwortung für sie übernehmen. Sie war wieder klein und es wurde für sie gesorgt. Mit starken Unterkühlungen und einer Alkoholvergiftung war sie in das Krankenhaus eingeliefert worden. Ein Bauer hatte sie morgens auf dem Feldweg gefunden. Fred hielt ihre Hände und küsste zärtlich ihre Handflächen. „Ella, es tut mir leid, ich wollte das nicht. Ich wusste nicht mehr weiter, mir war alles zu viel geworden," leise sprach er weiter, „es wird alles gut, ich kümmere mich um dich, wir werden die beste Behandlung für dich finden, du wirst wieder gesund und dann beginnen wir von vorne." Ella lauschte seiner Stimme, die von ganz weit herkam. Doch die Stimme beruhigte sie und sie vertraute ihr. Fred war wieder da und alles würde gut werden. Sie fühlte sich müde. Wie in Watte gepackt, hörte sie zu, was Fred sprach. Die Ärzte hatten ihr eine Therapie verordnet und Fred würde sich um alles kümmern. Fred hatte einen Spezialisten im Krankenhaus in Frankfurt gefunden. Und hier lag sie nun. Sie hatte ein Zimmer für

sich allein. Das Zimmer war in zartem Frühlingsgrün gehalten. Die Farben hatten eine beruhigende und aufhellende Wirkung auf sie. Der Satz „Grün ist die Hoffnung“ kam ihr in den Sinn.
Noch drei Tage bis zum Weihnachtsfest. Sie würde Weihnachten zu Hause mit Fred verbringen und danach in die Klinik zurückkehren. Gerade war ein Kinderchor über die Gänge gezogen und ein Pfarrer hatte allen Patienten eine gute Weihnacht gewünscht. Ella fühlte, wie sich ihre Augen mit Tränen füllten. Es lag an dem nahenden Weihnachtsfest. Sie hatte keine guten Erinnerungen daran. Vater war Weihnachten immer in einer depressiven Stimmung gewesen. Sie verbrachten das Weihnachtsfest jedes Jahr bei Tante Gerda, der Schwester von Ellas Mutter. Richtig unbeschwert war das Fest nie. Jeder dachte an Ellas Mutter. Doch niemand traute sich das Thema anzusprechen. Ella weinte um ihre verlorene Kindheit. Sie stand vor einem Berg aus der Vergangenheit und den sollte sie Stück für Stück abtragen, um sich ihre Zukunft frei zu schaufeln. So hatte es Dr. Hoffmann in ihrer ersten Sitzung umschrieben. Sie hatte so vieles unter einer dicken Eisschicht begraben und sie fühlte sich nicht stark genug, um daran zu kratzen. Doch es konnte so nicht weitergehen. Sie hatte es Fred versprochen und sie wollte ihre Chance nutzen.
„Nehmen Sie doch bitte Platz,“ Dr. Hoffmann zeigte auf den Sessel vor seinem Schreibtisch. Ella setzte sich und sah auf die gebräunten, schlanken Hände von Armin Hoffmann, ihrem Arzt. Er drehte einen Bleistift mit seinen Fingern und schaute sie mit seinen wachen

Augen an. Ella errötete und senkte ihren Blick. „Möchten Sie etwas trinken? Ein Wasser oder ein Glas Tee?“ fragte er sie. Ella spürte ihren trockenen Hals und bat um ein Wasser. Er schenkte aus einer Karaffe Wasser in ein Glas ein. Seine Bewegungen waren ruhig und sicher. Er strahlte Souveränität und Willensstärke aus. Ein Mann zum Anlehnen, dachte Ella.
„Frau Führmann“, Ella zuckte zusammen, „Ihr Zusammenbruch ist ein sehr ernstzunehmendes Warnsignal. Ich habe ein Gespräch mit Ihrem Mann geführt. Er erzählte mir von einschneidenden Erlebnissen in Ihrer Kindheit, die sich stark auf Ihre seelische Verfassung ausgewirkt haben.“ Ein ungutes Gefühl stieg in ihr hoch. Das launische Tier in ihr hob seinen mächtigen Kopf. Sie wollte es nicht wecken. „Woran denken Sie gerade?“
Ella antwortete leise: „Ich denke nicht gern an meine Kindheit zurück. Es war keine schöne Zeit und ich fühlte mich oft allein gelassen. Meine Mutter war nicht immer zu Hause und einmal war sie ganz lange weg. Ich glaube, das war, als ich sieben Jahre alt war oder so. Ich weiß, es ging ihr nicht gut damals, aber was genau geschehen war, hat mir nie jemand erzählt und später war mein Kontakt mit meiner Mutter nicht gut“. Dr. Hoffmann fuhr fort: „Eine unterbrochene und nicht konstante Bindung mit der Mutter kann die kindliche Entwicklung sehr beeinträchtigen. Selbst eine kurze Trennung von den Eltern, zum Beispiel durch einen Krankenhausaufenthalt, kann schon eine Rolle spielen.“
Ella begann zu schwitzen. Eine kurze Trennung von den Eltern? Sie hatte keine Erinnerungen an eine

verlässliche und anwesende Mutter, und ihren Vater konnte sie emotional nicht erreichen. Aber sie konnte doch nichts mehr daran ändern. Ihre Kindheit war vorbei und sie wollte sich damit nicht mehr auseinandersetzen. Dr. Hoffmanns Stimme drang wieder in ihr Bewusstsein. „Schauen Sie, Frau Führmann, was Sie heute in Ihrem Leben erfahren, die Gefühle von Angst und Verlorenheit haben mit den Erlebnissen aus Ihrer Kindheit zu tun. Wenn Sie es immer weiter verdrängen, wird der Schmerz Ihrer Kindheit Sie krank machen. Die Energie, die Sie brauchen, um diese Angst zu unterdrücken, fehlt Ihnen im Leben und die Angst wird immer größer, wenn sich Ihr keiner entgegenstellt."

Ella schwirrte der Kopf. Sie wollte doch nur wieder ihr Leben aufnehmen können und erwartete dafür Anleitung und Hilfestellung von dem Arzt, weil sie es doch allein nicht schaffen konnte. Ella stützte ihren Kopf in ihre Hände. „Ich weiß nicht, was ich tun soll". Ihre Stimme klang verzweifelt. „Das ist gewiss erst mal etwas viel für Sie." Er sprach beruhigend auf sie ein. „Wir werden langsam vorangehen. Schreiben Sie bitte alle Erlebnisse auf, die sie in Ihrer Kindheit als belastend empfunden haben. Beginnen Sie mit den ersten Erinnerungen, die Sie haben. Dann schauen wir uns Ihre Landkarte gemeinsam an. Ich wünsche Ihnen frohe Weihnachten."

Dr. Hoffmann reichte ihr seine Hand und lächelte sie an. Ella fühlte sich erleichtert, weil das Gespräch beendet war und freute sich auf ihr stilles, grünes Zimmer. Dort angekommen, nahm sie ihre Beruhigungspillen ein und legte sich auf ihr Bett. So konnte sie sich entspannen und sich klein und sicher fühlen. Die Tabletten lullten sie ein und sie brauchte nur still daliegen und in sich selbst hinein sinken.

Ella saß zu Hause an ihrem Küchentisch. Draußen lag noch Schnee. Aber es war wärmer geworden und begann stellenweise zu tauen. Ab und zu rutschten dicke Schneestücke vom Dach und jedes Mal erschrak Ella und sah von ihrem Blatt auf. Ella schrieb ihre Kindheitserinnerungen auf. Fred war in die Stadt gefahren, um letzte Einkäufe für das Weihnachtsfest zu tätigen. Dr. Hoffmann hatte ihr geraten, einfach alles aufzuschreiben, an das sie sich erinnern konnte. An die Zeit mit ihrer Mutter konnte sie sich nicht gut erinnern. Doch sie wusste, dass ihre Mutter Schlaflieder an ihrem Bett gesungen hatte, und ein Lied hatte sie sehr gut in Erinnerung. Ihre Mutter hatte es selbst gedichtet und sie improvisierte es immer wieder neu. Die Melodie war sehr gleichmäßig und hatte eine einschläfernde Wirkung auf Ella gehabt. Sie fühlte sich immer so geborgen und wohl dabei. Wann hatte sie sich geborgen und sicher in ihrer Kindheit gefühlt? Da gab es viele verschiedene Personen, an die sie gute Erinnerungen band. Gerda, bei der sie sich glücklich fühlte, oder ihre Oma. Diese Menschen waren lieb zu ihr, aber Ella fühlte intuitiv, dass dies nur ein Ersatz war und sie spürte ein Loch in ihr, das sich nicht füllen ließ.

Ella legte ihren Kopf auf den Küchentisch und sang leise die Melodie des Kinderliedes. Tränen rannen über ihr Gesicht und ein tiefer Schmerz stieg in ihr auf. Da hörte sie einen harten Knall an der Fensterscheibe und zuckte

zusammen. Da traf schon der nächste Schneeball die Scheibe und sie hörte Fred lachen. „Komm raus und stelle dich dem Kampf", schrie er und winkte ihr zu. Sie war noch nie ein Freund von Wettkämpfen gewesen und öffnete die Tür. Sie wäre fast über den Tannenbaum gefallen, der zu ihren Füssen lag. „Was ist das denn?", fragte sie irritiert.
„Na, ein Weihnachtsbaum. Freust du dich nicht?" Fred nahm sie in den Arm und küsste sie. „Aber wir hatten doch noch nie einen Baum." Ella wollte nie Weihnachten feiern. Es machte sie nur traurig.
„Ich werde den Baum jetzt aufstellen." Fred begann fröhlich mit seinem Werk. Ella kam sich dabei etwas hilflos und fehl am Platz vor. Doch sie wollte Fred nicht den Spaß verderben. Sie ging in die Küche, um einen Kaffee für sich und Fred zu machen. Als sie mit den Tassen ins Wohnzimmer trat, stand der Baum schon aufrecht im Raum. „Ella, geh doch bitte den Baumschmuck meiner Mutter holen." Freds Mutter hatte ihr den Baumschmuck vor Jahren geschenkt. Doch sie hatten ihn nie gebraucht. Ella ging in den Keller und suchte nach den Weihnachtskugeln. Sie wollte gerade den Karton mit dem Weihnachtsschmuck von einem Regal nehmen, da löste sich eine Kladde vom Regal und fiel ihr vor die Füße. Ella bückte sich und hob die Kladde auf. Sie hatte diese Mappe noch nie gesehen. Vorsichtig öffnete sie die Kordel. In der Mappe befanden sich Briefe. Ella nahm einen davon vorsichtig heraus. Es war ein Brief von ihrer Mutter an Gerda.

Liebe Gerda,
nun bin ich schon eine Woche in Berlin, und ich will dir schreiben, wie es mir ergangen ist. Als ich bei der Vermisstenstelle des Roten Kreuz ankam, fühlte ich mich fremd, und mein Anliegen kam mir unwirklich vor. Was wollte ich denn hier? Glaubte ich daran, mit Hermann das Leben nahtlos wiederaufnehmen zu können, das uns im Krieg abhandengekommen war? Man führte mich in einen Raum, und da sah ich ihn sitzen. Die Nüchternheit dieses Augenblicks machte mich sprachlos. Ich füllte alle Formulare aus, die man mir vorlegte, und dann war es auch schon vorbei, und wir standen auf der Straße. Da stand ich vor dem Mann, nach dem ich mich so lange gesehnt hatte, und konnte nichts fühlen.
Obwohl eine Wintersonne schien, war es so kalt auf der Straße, und meine Zähne klapperten. Hermann durchbrach die Anspannung und schlug vor, einen Kaffee zu trinken. So liefen wir los und versuchten, die äußere und die innere Kälte zu überwinden. Liebe Gerda, ich fühlte mich wie in einem Traum. Doch dieser Traum war ein Traum in einem Traum. Ich irrte durch einen Gefühlsnebel, der nichts mit mir zu tun zu haben schien. Ich sah mich neben Hermann laufen, ohne mich dabei zu fühlen. Ich sah auf die vielen zerstörten Gebäude. Sah Lastkähne mit Kohle auf der Spree fahren, Pferdefuhrwerke mit Bierfässern über die Straßen rumpeln, Wäsche in Hinterhöfen trocknen, Menschen, die ihren alltäglichen Verpflichtungen nachgingen. Ich fragte mich: Bin ich dabei, mein Leben und meine Familie aufzugeben?
Und was nun? Dies war nicht das Wiedersehen, von dem

ich jahrelang geträumt hatte. Das Leben war weitergegangen, und ich war nicht mehr allein. Was wollte ich hier? Nach dem ersten Kaffee ging es mir besser, und ich fühlte mich wieder lebendiger. Was soll ich dir sagen, Gerda? Hermann sieht gut aus, ist gut genährt und kräftig. Mit seiner gebräunten Haut sieht er nicht aus, als käme er aus der Gefangenschaft nach Hause, sondern als entspränge er einer Werbung für Urlaub in Südfrankreich. Das hat mich irritiert. Ich wusste nicht, was ich ihn fragen sollte. Dann erzählte er mir, was er in Berlin trieb. Er hat ein Zimmer in Berlin und arbeitet in einem Varieté. Nach seiner Gefangennahme an der Westfront musste er lange in Arbeitslagern arbeiten und ist daher erst so spät zurückgekommen. So langsam wich meine innere Anspannung, und Hermann wurde mir etwas vertrauter. Aber es blieb auch eine Fremdheit bestehen. Nie hatte ich daran gedacht, dass wir uns so voneinander entfernen konnten. Ich wollte ihn fragen, „Warum hast du nicht geschrieben? Warum bist du nicht zu uns nach Frankfurt gekommen?“, ich wollte ihm von Ella erzählen. Doch ich konnte es nicht. Ich fühlte mich wie ein Treibholz, das an ein fremdes Ufer gespült wurde und seine Richtung verloren hatte. Was hatte ich mir vorgestellt? Leidenschaftliche Liebesschwüre von einem Mann, der vermutlich viel Grauen erlebt hatte? Hatte ich geglaubt, der Himmel würde aufreißen und mir den Weg in ein strahlendes Glück weisen? Hermann schien aufgekratzt und erzählte von Berlin und den Menschen, die er kennengelernt hatte, aber kein Wort über den Krieg und seine Gefangenschaft. Sollte er noch Liebe für mich empfinden, zeigte er es nicht, oder es erging ihm so wie mir. Vielleicht hatten wir uns in all den Jahren der Trennung verloren. Ich dachte schon darüber nach, wie ich Hermann meine Rückfahrt nach Frankfurt erklären sollte, da gab er mir seine Adresse von dem Varieté mit der Einladung, seinen Auftritt am Abend zu besuchen. Liebe Schwester, kannst Du Dir meine Seelenqual vorstellen? Ich lief den ganzen Tag ziellos durch Berlin und hatte nicht richtig gegessen. Mehrmals fuhr ich zum Bahnhof, stand an den Ticketschaltern an und konnte mich doch nicht entschließen, das Ticket zurück in mein altes Leben zu kaufen. Es war doch ein Irrsinn, Peter und Ella und auch dich, liebe Gerda, zurückzulassen und in eine ungewisse Zukunft zu springen. Die Adresse in meiner Manteltasche war zerknittert. Ich hatte sie hundertmal gelesen, zerknüllt und wieder weggesteckt. Es fühlte sich an, als ob ich über ein Drahtseil balancieren würde. Unter mir das Nichts. Noch stand ich auf dem Seil und hatte ein Leben und eine Familie. Hermann hatte mir seine Liebe nicht versichert, und ich selbst? Konnte ich es? Lag meine Liebe unter all den Trümmern der Vergangenheit und brauchte nur einen Funken zum Brennen. Wie sollte ich eine Entscheidung treffen? Es war der Hauch einer Möglichkeit, die mich zum Bleiben veranlasste und mich zum Varieté trieb. Was ich dort vorfand, sah eher wie eine heruntergekommene Bar aus. Wedding war kein vornehmer Ort und es wohnten mehr Arbeiter dort, als Menschen mit einem großen Portemonnaie. Aber das Leben in der Zeit nach dem Krieg war kein

Wunschkonzert. Ich nahm an einem kleinen Tisch Platz und bestellte mir einen Wein. Der Wein schmeckte sauer und brannte in meinem leeren Magen. Ein wehmütiger Klang einer Geige verwob sich mit meinen Gedanken. Es war unverkennbar Hermanns Spiel. Der Vorhang öffnete sich langsam und er stand da. Allein auf der Bühne, gekleidet in einen Smoking, spielte er selbstvergessen. Dann betrat eine kleine, zarte Frau die Bühne und begann zu tanzen. Erst tanzte auch sie, wie in sich selbst versunken. Doch dann schien sie auf die Geige aufmerksam zu werden und begann mit ihr zu kommunizieren. Behutsam näherte sich die Tänzerin der Geige, die plötzlich lauter wurde, die Frau erschrak und wich zurück, um sich dann wieder vorsichtig zu nähern. Jetzt lockte die Geige mit weichen Tönen und die Bewegungen der Frau flossen harmonisch mit dem Spiel Hermanns zusammen. So konnte nur er spielen und seine Geige entführte mich in ein verloren geglaubtes Land. Alle meine Zellen schrien nach diesem Mann und ich wollte ihn wieder haben. Ist es nicht mein Recht, glücklich zu sein nach dem Wahnsinn, den ich erlebt hatte? Nach der Aufführung liefen wir lachend, wie Kinder durch den nächtlichen Regen zu Hermanns Mansarde. Dort fanden wir die Süße, ohne Bitterkeit wieder, die wir damals schmeckten. Rochen, selbst im Winter, den verheißungsvollen Jasminduft, der uns früher zu Kopf gestiegen war. Für ein paar Stunden blieb die Zeit stehen und es gab kein Gestern und kein Morgen, nur erfülltes JETZT. Nun glaubst du sicher, alles ist gut. Ich wünschte, es wäre so. Unsere Liebe blüht im Glashaus. Ich muss es so sagen, auch wenn es mich schmerzt,

diese Liebe hat keine Zukunft. Hermann will nicht über das Vergangene reden und hat keine Vorstellung von seinem Leben. Wenn ich ihn darauf anspreche, weicht er aus und verweist auf das, was wir hier haben. Ein Dach über dem Kopf, einen Job, der etwas Essen auf den Tisch bringt, und unsere Liebe. Mehr brauche er nicht zum Glücklichsein. Hermann lebt in einer Traumwelt, in der alles gut ist und es auch keiner Veränderung bedarf. Ich kann mich darauf nicht verlassen und Ella hat keinen Platz in seiner Welt. So gerne ich auch darin mit ihm bleiben würde. Ein Wolkenkuckucksheim, in dem ich meine äußere Welt mit den Schuhen draußen abstellen muss, ist kein Ort für ein Kind, auch wenn es seins ist.
Ich habe beschlossen, heimzukehren. Ich werde vormittags seine Wohnung verlassen, wenn er zur Probe muss. Es wird schmerzlich für ihn sein und vielleicht wird es ihn brechen. Vielleicht wird es ihm helfen, aufzuwachen aus seinem Traum. Wer weiß das schon. Gerda, ich freue mich auf Dich und Ella und ich hoffe, es ist die richtige Entscheidung.
Bis bald, Deine Hannah

Ella ließ den Brief ihrer Mutter sinken. Da stand es schwarz auf weiß. Das große Geheimnis ihrer Kindheit und Jugendzeit hatte sich gelichtet. Man hatte ihr die Existenz ihres wahren Vaters verschwiegen. Aber warum?
„Ella, wo bleibst du denn?" Ella zuckte zusammen. Fred stand an der Kellertreppe. Sie musste die Zeit vergessen haben. Sie legte den Brief zu den anderen, legte die

Schachtel zurück und ging mit dem Weihnachtsschmuck nach oben. Gemeinsam begannen sie, den Baum zu schmücken. „Fred, wusstest du von Hermann, und dass er mein Vater ist?“ Fred schaute sie fragend an. „Wer ist denn Hermann?“ „Hermann ist Hannahs erste Liebe und mein leiblicher Vater. Er musste in den Krieg. Meine Mutter hat mir nichts von ihm erzählt. Für mich ist Peter mein Vater. Doch ich habe unten im Keller Briefe von Hannah an Gerda gefunden. Darin schreibt meine Mutter, wie sie Hermann in Berlin nach dem Krieg wiedergetroffen hat. Sie hat ihm nicht von mir erzählt und ist wieder zu uns zurückgekommen. Ich verstehe es nicht. Sie haben sich geliebt, und wie kann eine Mutter ihr Kind verleugnen? Ich habe meine Mutter nie verstanden. Sie lebte in einer anderen Welt und war nie richtig für mich da. Ich muss all diese Briefe lesen, Fred. Vielleicht kann ich dann besser verstehen, was mit mir los ist.
Der Baum stand mittlerweile fertig geschmückt im Raum. Fred umarmte Ella, und dann blieben sie vor dem Baum stehen. Ella dachte dabei an Weihnachten, als sie noch klein war. Ihre Mutter fehlte häufig dabei, da sie krank war und in der Kur sein musste. Stimmte das denn, was Peter und Gerda ihr erzählt hatten? Was konnte sie noch glauben? Fred ging in die Küche, um ein kleines Essen zu zaubern, das sie im Wohnzimmer einnehmen würden. Ella lief in den Keller und holte die Briefe. Sie wickelte sich in eine Wolldecke und begann den nächsten Brief zu lesen.

*„Meine liebe Gerda,
ich muss Dir diesen Brief schreiben, um mein schweres Herz zu erleichtern. Ich hoffe, damit nicht Dein Herz zu beschweren. Aber an wen sollte ich mich wenden, wenn nicht an Dich? Wir haben uns immer beigestanden, in guten wie in schlechten Zeiten, und dafür bin ich Dir so dankbar. Ich fühle mich innerlich so schwer wie ein Felsbrocken, und ich frage mich, wozu die Reise nach Berlin gut war? Nun weiß ich, dass Hermann lebt, doch mir wäre es lieber, ihn tot zu wissen. Jetzt denkst Du sicher, ich bin verrückt geworden. Vielleicht bin ich das auch. Ja, ich habe sehr gelitten und Hermann vermisst. Doch es gab diese Illusion in mir, dass er da draußen weiterlebt und irgendwann zu mir zurückkehrt und wir dann von vorne beginnen. Diese Illusion wurde mir in Berlin genommen. Es gibt kein „Weiter" und kein „von Vorne" für uns. Da ist etwas in mir gestorben. Die Welt hat ihre Farben verloren. Ich lebe, ohne wirklich zu leben. Peter ist mir zu viel mit all seiner Fürsorge und seinem Harmoniebestreben. Ich tue so, als würde ich mich freuen über die Ausflüge oder die Theaterbesuche. Aber es erreicht mich nicht. Ich lebe in einem Vakuum, es dringt nichts ein und dringt nichts raus. Wenn Peter mich berühren will, wende ich mich ab. Liebe Schwester, glaube mir, ich habe es versucht. Doch mein Körper lässt sich nicht belügen. Ich empfinde nichts für ihn, im Gegenteil. Sein Schweigen, seine bettelnden Augen stoßen mich ab. Den Schlüssel zu meiner Lust hat ein anderer, und der kann ihn nicht nutzen, und ich will mich nicht mehr öffnen.*

Gerda, ich schlafe schlecht. Jede Nacht werde ich von einem elektrischen Schlag in meinem Körper geweckt, und dann kann ich nicht mehr einschlafen. Ich höre die gleichmäßigen Atemzüge von Peter, der neben mir einen gerechten Schlaf gefunden hat. Warum ist das so in mir? Was ist mit mir los? Warum kann ich aus dem Glück, den Krieg überlebt zu haben, kein zufriedenes Leben gestalten? Lange hatte ich gedacht, ein sicheres Fundament durch Peter zu finden und Ella eine Familie geben zu können. Das haben doch viele andere auch geschafft. Es hat alles keinen Sinn mehr. Peter ist nicht Ellas Vater und Hermann ist nicht tauglich für ein Familienleben und ich? Entgleist, entzaubert, enttäuscht. Ich möchte davonlaufen, laufen und laufen, bis sich mein Leben auflöst. Ist das ein Platz, um ein Kind großzuziehen? Manchmal denke ich daran, Ella zu Euch zu geben. Du bist eine starke Frau und euer Heim ist erfüllt von Lebendigkeit und Freude. Dies kann ich Ella nicht bieten. In unseren Wänden haust die Traurigkeit über all die verpassten Möglichkeiten. Bitte verzeihe mir Gerda, vielleicht bin ich undankbar und sollte mich zusammenreißen. Aber wie geht das?
Gerda, ich bitte Dich: Hilf mir!
Deine Hannah

Ella stockte der Atem beim Lesen des Briefes. Ihr Blut gefror in seinen Bahnen und jegliche Wärme erlosch in ihrem Herzen. Es war schwer zu ertragen, was sie da las. Eine Mutter will vor ihrem Kind davonlaufen. Dies sollte kein Kind erfahren. Nun hatte sie es als Erwachsene erfahren und es war ihre Mutter, die es geschrieben hatte, als sie selbst noch ein kleines Mädchen war. Ella überlegte, wie alt sie damals war. Vielleicht fünf oder sechs Jahre alt. Sie konnte sich nicht an diese Zeit erinnern. Jetzt fühlte sie Wut auf ihre Mutter. Sie war damals nicht für sie da, als sie klein war und später in der Pubertät konnte sie auch nicht der Anker sein, den sie gebraucht hätte, um sicher durch die inneren Stürme des Erwachsenwerdens zu reisen. Die Befindlichkeiten ihrer Mutter standen immer an erster Stelle und erst dann kam sie. Merkwürdig fand sie die Stelle im Brief ihrer Mutter, in der sie von ihren Schlafproblemen und ihrer Unfähigkeit, ein normales, glückliches Leben führen zu können, sprach. War das nicht das gleiche Problem, das sie auch empfand?

DIE HÄUTUNG

Das blaue, schale Licht in der Küche der Abteilung für psychotische Erkrankungen der Frankfurter Klinik flackerte auf und ab. Das Licht fiel stakkatoartig auf den Kühlschrank, der mit einem großen Vorhängeschloss versehen war. Jeden Abend nach dem Abendessen wurde der Kühlschrank verriegelt, damit die Patienten, die durch die Psychopharmaka ständig Heißhunger empfanden, ihn nicht plündern konnten. Katja musste schmunzeln. Schon so oft war sie Zeuge der nächtlichen Versuche von Patienten geworden, die in der Küche nach Essbarem suchten. Von dem Schwesternraum, der durch eine Glasscheibe mit dem Essraum verbunden war, konnte sie die Patienten beobachten, ohne selbst gesehen zu werden. Katja fühlte sich nicht immer wohl bei dieser voyeuristischen Tätigkeit. Sie wusste, wie es sich anfühlte, auf der anderen Seite zu stehen. Vor zwei Jahren war sie selbst an einer Depression erkrankt und sie kannte das Gefühl krank zu sein, obwohl sie körperlich gesund war. Mit diesem Stigma nicht richtig und ausgegrenzt zu sein, leben zu müssen.

Die letzte Kontrollrunde stand noch an und dann endete Katjas Schicht. Seit einigen Stunden war es ruhig geworden auf der Station. Es hatte eine Neuaufnahme gegeben. Eine junge Frau war am zweiten Weihnachtstag mit ihrem Mann in die Notaufnahme gekommen. Eine Patientin von Dr. Hoffmann, die in seine Abteilung gehörte. Doch leider verfügte man dort über kein Bett, so dass Frau Führmann vorübergehend auf die offene psychotische Abteilung aufgenommen wurde. Katja drückte leise die Türklinke zu Ellas Zimmer herunter. Leise Schnarchgeräusche drangen aus dem ersten Bett. Im zweiten Bett am Fenster lag ein kleines Bündel Mensch zusammengerollt, wie ein Embryo. Ruhige Atemzüge signalisierten einen tiefen Schlaf und Katja fühlte sich erleichtert. Als Ella auf die Station kam, war sie sehr unruhig gewesen. Sie lief auf dem Flur auf und ab und hielt sich den Bauch. Dann war sie zu ihr ins Schwesternzimmer gekommen und klagte über Bauchschmerzen. Katja hatte ihr ein starkes Schmerzmittel verabreicht und später noch etwas zum Schlafen. Nun schien sie ruhig. Morgen würde der behandelnde Arzt entscheiden, welche Medikamente eingesetzt würden. Die junge Frau rührte Katja. Etwas an ihr erinnerte sie an ihre Krise damals. Es war nicht ratsam, sich mit den Patienten zu identifizieren. Doch hier war etwas anders.

Ella saß tränenüberströmt in der Notaufnahme und wartete auf die Bereitschaftsärztin der Psychiatrie. Fred hatte sie hierhergebracht, nachdem sie in einen schrecklich desolaten Zustand über Weihnachten gefallen war. Nach dem Lesen der Briefe ihrer Mutter hatte Ella nur noch geweint. Sie wollte nicht essen und konnte nicht schlafen. Sie lief ziellos durch die Wohnung wie eine Tigerin im Käfig. Fred schlug vor, einen Film zu schauen. Ella konnte nicht still sitzenbleiben. Die Angst schlug wie eine Welle über ihr zusammen und nur im Laufen konnte sie die Panik in ihr ertragen. Zusätzlich bekam sie Magenschmerzen. Die Angst und die

Schmerzen legten sich wie ein Ring um ihre Brust und sie bekam keine Luft. Dann entschied Fred, Ella ins Krankenhaus zu fahren. Er hatte noch versucht Dr. Hoffmann zu erreichen, was natürlich wegen der Feiertage nicht gelang.

Frau Dr. Liensen betrat den Raum, in dem Ella saß. „Guten Tag. Mein Name ist Dr. Liensen. Kommen Sie mit mir Frau Führmann. Ich bringe Sie in einen ruhigeren Raum. Dort können wir sprechen." Ella fühlte sich schwach und wackelig auf ihren Beinen als sie der Ärztin folgte. Die Ärztin wirkte noch jung, aber kompetent. Ella fühlte sich so erschöpft und wäre mit jedem mitgegangen, der ihr Hilfe versprach. In einem kargen, unpersönlichen Zimmer setzten sich beide gegenüber. „Frau Führmann, Sie sehen nicht gut aus. Können Sie mir erzählen, was geschehen ist?"

Ella brach sofort in Tränen aus. Ganze Fluten brachen aus ihren Augen, aus denen immer noch endlose Tränen liefen. Ella sprach unter Schluchzern: „Ich kann nicht mehr. Bitte helfen Sie mir. Ich habe solche Angst und ich will nicht mehr hier sein." Frau Liensen sprach mit ruhiger Stimme: „Was meinen Sie mit, nicht hier sein wollen?" Die Antwort schoss aus Ella heraus und ihre innere Not nahm den Raum ein. „Ich habe keine Kraft mehr für dieses Leben. Ich versuche es doch so sehr, aber mein Leben ist eine Katastrophe. Ich bin nicht wie die anderen. Ich lebe hinter einer Wand im Nebel. Ich weiß nicht, wer ich bin, für was ich gut bin und was ich wert bin. Ich bin nicht von dieser Welt und nicht lebensfähig. Ständig quälen mich negative Gefühle und

schlimme Vorstellungen und ich habe Angst, dass etwas Schlimmes mit mir geschieht. Ich glaube, ich bin verrückt."
„Wie lange haben Sie diese Gefühle schon Frau Führmann?" Ella atmete tief ein und aus, dann antwortete sie: „Schon seit meiner Kindheit, schon immer!" Frau Dr. Liensen schüttelte den Kopf. „Dann haben Sie aber lange gewartet und viel ausgehalten, bevor Sie sich Hilfe holten. Gut, dass Sie nun hier sind. Es gibt Möglichkeiten, Sie zu heilen. Wir nehmen Sie jetzt stationär auf. Wenn Sie mir versprechen, dass Sie sich nichts antun, werde ich Ihnen ein Bett auf einer offenen Station zuweisen. Bitte warten Sie hier einen Augenblick. Ich muss telefonieren." Damit verschwand die Ärztin.
Ella erwachte am nächsten Morgen mit einem dumpfen Gefühl in ihrem Kopf. Sie schaute aus dem Fenster auf die gegenüberliegende Wand. Das Wetter war trüb, so wie ihre Stimmung. Doch zumindest schien der gestrige Horrortrip vorüber. Ihre Schmerzen waren gedämpft und die Angst erträglich und lauerte hinter den Nebeln der Barbiturate. Sie war froh, in der Klinik zu sein. Die Weihnachtstage waren entsetzlich. Sie hatte versucht den Zustand, in den sie geraten war, zu kontrollieren und hatte sich so angestrengt, die Tage mit Fred zu genießen. Doch der Dämon war erwacht und er fletschte seine Zähne und seine Klauen griffen nach ihr. Sie fühlte sich wehrlos und ausgeliefert. Als sie nach der Aufnahme in die Psychiatrie mit Frau Dr. Liensen die Station betreten hatte, atmete sie innerlich auf. Nun fühlte sie sich in Sicherheit, man würde ihr helfen und

sie von diesem Wahnsinn befreien. Sie lernte Katja kennen, die anwesende Pflegerin, die ihr sofort sympathisch war. Sie zeigte Ella ihr Zimmer. Dr. Liensen hatte erklärt, dass dies hier nicht die richtige Abteilung wäre, doch aus Platzgründen musste sie erst mal hier auf der Psychose Station bleiben. Dr. Hoffmann würde sie aber weiter behandeln, was Ella sehr beruhigte.
Ihm vertraute sie und sie mochte ihn auch. Sie bekam ein Zweierzimmer, das sie mit einer Heidi teilen sollte, die aber gerade zu Hause bei ihrer Familie weilte. Das Zimmer wirkte wie ein Krankenzimmer. Das war es ja auch, ein Krankenhaus, in dem sie sich befand. Zwei Betten, verstellbar, gestreifte Bettwäsche, die Ella an ein Gefängnis erinnerte. Über dem Bett von Heidi, hing ein Brett mit allen Terminen für ihre Therapien und Beschäftigungsangebote. Ihr Brett war noch leer. Was würde hier demnächst stehen?
Ellas Gedanken wurden von dem Klopfen an der Tür unterbrochen. Eine Pflegerin teilte ihr mit, sie würde zu einem Arztgespräch erwartet. Der Stationsarzt begrüßte sie freundlich und stellte sich vor. „Frau Führmann, ich habe mir Ihren Aufnahmebericht durchgelesen. Sie leiden unter Ängsten und Panikzuständen. Können Sie diese Ängste beschreiben?"
„Ich kann es nicht genau sagen. Die Ängste sind diffus und subtil. Es ist, als würde etwas über mich kommen, wie eine dunkle Wolke oder ein Fluch. Ich weiß es nicht, was da geschieht. Mein Herz fängt an zu rasen, ich werde unruhig und ich habe Angst, dass etwas Schlimmes mit mir passiert. Ich möchte wegrennen. Es ist so wie

flüchten wollen und ich suche nach Hilfe. Jemand muss mir doch helfen." Ella begann zu weinen. Der Arzt versuchte sie zu beruhigen. „Wir können Ihnen helfen. Angststörungen haben eine Ursache. Wir können Ihnen dabei helfen, die Ursachen zu finden und Sie auch medikamentös unterstützen. Wären Sie bereit, Psychopharmaka einzunehmen, Frau Führmann?" Ella nickte. Sie würde alles schlucken, nur um aus diesem Zustand herauszukommen.

Am zweiten Morgen nahm Ella an der morgendlichen Laufrunde teil. Es war eher ein schnelleres Spazierengehen, was da angeboten wurde. Das hatte ihr Katja gesagt, die auch die Morgenrunde begleitete und es würde ihr auch die Möglichkeit bieten, mit den anderen Patienten in Kontakt zu kommen. Dazu spürte Ella wenig Lust. Sie war mit sich selbst beschäftigt und hatte Angst vor den Geschichten der anderen, die sie vielleicht mit ihren eigenen Ängsten konfrontieren könnten. Im Moment war sie zufrieden damit, in einem gedämpften Zustand zu sein und sich den Ärzten und Betreuern anzuvertrauen. Dieser Höllenquall entkommen zu sein, war ihre Rettung gewesen. Was auch immer nun folgen sollte, nichts könnte schlimmer sein als das, was sie in den letzten Tagen zu Hause mit Fred erlebt hatte, und sie wollte diesen Zustand nie mehr erleben müssen in ihrem Leben.

Ella zog ihr Sweatshirt über und ging auf den Flur hinaus. Eine kleine Gruppe von Patienten hatte sich vor dem Schwesternzimmer versammelt. Katja winkte ihr zu und begrüßte sie herzlich. „Guten Morgen Ella, schön, dass du mitkommst. Was ist mit deiner Nachbarin?

Vielleicht kannst du sie ein wenig aktivieren". Ella ging noch einmal ins Zimmer. Heidi, ihre Bettnachbarin, hatte sich die Decke über das Gesicht gezogen. Super, dachte Ella, dafür hatte sie Heikes Wecker, der ab halb sieben jede viertel Stunde geklingelt hatte, nicht ertragen müssen. Heidi hatte nur ein „Ach du Schande" von sich gegeben und dabei die Schlummertaste gedrückt. Nun lag sie hier und schlummerte selig. Sie stieß sie nicht gerade vorsichtig an und fragte, ob sie nicht mit zur Morgenrunde wollte. Ein unliebsames Brummen war die Antwort und es folgte keine körperliche Reaktion und Ella ließ es dabei.
Warum sollte sie andere motivieren. Hatte sie nicht genug mit sich selbst zu tun?
Der Morgen war frisch, der Atem malte weiße Wölkchen in die Luft und der Boden knirschte vom Frost unter ihren Füßen. Katja lief neben ihr her. Ihr Laufschritt passte zu ihrem und es fühlte sich natürlich an, mit dieser Frau durch den Wintermorgen zu schreiten. Mit jedem Schritt füllten sich ihre Lungen mit Sauerstoff. Ella fühlte sich lebendig und eine Fröhlichkeit, die sie lange nicht mehr wahrgenommen hatte, zog in ihre feinen Lungenbläschen ein und blähte ihre Nasenflügel auf. Kleine Lachperlen purzelten aus ihr heraus. Ella lachte über die Witze der anderen. (Der Humor unter „Psychisch Erkrankten" kann sehr speziell sein und wird vermutlich nur von ihnen verstanden.) Ihr Lachen steckte wiederrum die anderen an und so wanderte eine gut gelaunte Truppe, die einen schneller, die anderen im Schneckentempo, durch den Klinikpark. „Na deine

Antidepressiva scheinen angekommen zu sein Ella. Das ist ein gutes Zeichen, dass das Medikament das richtige für dich ist." „Woran erkennt man das", fragte Ella. Katja hatte Ella das Du angeboten, was eigentlich nicht so üblich ist zwischen Patienten und Pflegern. „Ein Antidepressivum erhöht deinen Serotoninspiegel oder es verlangsamt den Abbau von Serotonin im Gehirn, damit dir der Glücksbotenstoff länger zu Verfügung steht. Wenn dein Serotonin niedrig ist und du dann welches bekommst, schlägt das Glück erst mal durch die Decke und danach pendelt es sich auf einem normalen Stand ein.

„Oh, bitte nicht", dachte Ella. Dieses Glücksgefühl wollte sie nicht so schnell verlieren. Es fühlte sich an, als hätte sie ihren Humor wiedergefunden, den sie vor langer Zeit verloren hatte.

Ella saß später Dr. Hoffmann gegenüber. Endlich hatte er wieder Zeit für sie und nun sollte die Therapie wirklich beginnen. Dr. Hoffmann fragte sie, was denn über Weihnachten geschehen war, und Ella erzählte ihm von den Briefen ihrer Mutter. Als sie bei der Stelle ankam, an der ihre Mutter den Gedanken aussprach, ihre Tochter an ihre Schwester abzugeben, brach Ella in Tränen aus und dann stieg eine verzweifelte Wut in ihr hoch, die jetzt aus ihr herausbrach. „Meine Mutter hat mich nie gewollt. Ich stand ihr immer im Weg. Sie wollte nur ihre große Liebe zurück und alles, was sie daran hinderte, wurde einfach fallengelassen. Ich und mein Stiefvater waren nur lästige Pappfiguren, die sie zur Seite fegte."

Ellas Stimme wurde brüchig und sie begann zu zittern.

Dr. Hoffmann fragte vorsichtig: „Was geschieht gerade bei Ihnen, Ella?“ Ella schlug die Hände vor ihrem Gesicht zusammen und begann zu schluchzen. Sie stieß Laute aus wie von einem gequälten Tier. „Lassen Sie es geschehen, Ella“, sprach Dr. Hoffmann mit seiner ruhigen, kraftvollen Stimme, „es ist wichtig für Sie. Ihre Gefühle suchen einen Weg aus ihrem Gefängnis.“

Ella ließ ihren Gefühlen freien Lauf. „Ich wollte, ich wäre nie geboren. Ich bin eine Last für alle. Ich habe meine Tante enttäuscht, die so viel für mich getan hat und meinen Mann kann ich auch nicht glücklich machen. Ich bin wie die Pest und ich bringe allen das Verderben. Ich kann nicht lieben. Ich kann das Leben nicht genießen. Ich bin ein Wrack und zu nichts zu gebrauchen.“ Ella sackte völlig in sich zusammen und die Salve der Wut verwandelte sich in einen breiten Strom von Selbstmitleid. Dr. Hoffmann ließ einen Moment der Stille verstreichen. Ella beruhigte und entspannte sich etwas. Dann sprach er ruhig zu ihr: „Ella, es geht hier um Sie und nicht um die Erwartungen von anderen Menschen. Sie sind niemanden etwas schuldig. Nur einem Menschen sind Sie verpflichtet und das sind Sie selbst. Sich selbst zu lieben und sich so anzunehmen mit allem, was Sie ausmacht, ist Ihre Aufgabe. Aber können Sie in eine volle Tasse Tee einschenken? Nein, denn Ihre Tasse ist gefüllt mit Trauer, Wut, Zweifel und Minderwert. Wie können Sie erwarten, positive Gefühle zu erleben, wenn in Ihrer Tasse, in Ihrem System, nur dreckiger Schlamm wabert? Sie waren jahrelang und besonders als Kind überfordert und Sie haben geglaubt, es allein bewältigen zu können.

Doch es fehlte Ihnen die psychische Stabilität, die sich bei Kindern entwickelt, wenn sie in einem Umfeld von Nähe, Geborgenheit und Nestwärme groß werden." Ella begann wieder zu weinen. „Davon hatte ich doch nichts in meiner Kindheit".

„Genauso ist es", meinte Dr. Hoffmann, „stellen Sie sich eine Blumenzwiebel vor. Die Zwiebel braucht die Erde, mit all ihren Mineralstoffen, um zu wachsen. Es sind die Liebe und die Annahme der Eltern, die es dem Kind ermöglichen, sich zu entfalten. Hat die Blume Erde, Licht, Wärme und Wasser, kann sie die wunderbaren Formen, die in ihr schlummern, zur Entfaltung bringen. Hat sie diese Umstände nicht, wird die Blume verkümmern. So war es bei Ihnen, Frau Führmann. Sie hatten nicht den idealen Boden, um zu wachsen. Sie haben als Kind schlimme Erfahrungen gemacht. Das Kind konnte keine Basis von Urvertrauen und Geborgenheit entwickeln, sondern musste versuchen, in dieser emotionalen Wüste zu überleben. Deshalb konnten Sie keinen inneren Halt in sich finden. Wir werden nun zusammen versuchen, diesen Boden zu bearbeiten, damit Sie sich all diese Gefühle ansehen können. Um noch einmal auf das Beispiel mit der Teetasse zu kommen. Sie müssen diese Tasse ausgießen und ordentlich spülen, um dann den wunderbaren Tee genießen zu können."

Ella erwiderte: „Das ist doch mein Problem. Ich kann es doch nicht kontrollieren. Die Angst ist da, nachts, wenn ich schlafen möchte, schlägt mein Herz wie verrückt und das macht mich wirklich verrückt und tagsüber habe ich vor allen Dingen Angst, die passieren könnten." Dr.

Hoffmann schwieg eine Weile, als würde er über etwas nachdenken. Dann begann er zu sprechen. „Ihre nächtlichen Panikattacken und all die zwanghaften Ängste sind Folgen von dem Trauma, das Sie als Kind erlebt haben. Die Abwesenheit der Mutter und des Vaters haben sich tief in Ihre psychische Landkarte eingegraben. Diese Erlebnisse haben Ihre Psyche überfordert.

Um überleben zu können, wird das Erlebte in einem tiefen Areal im Gehirn abgespeichert und eingefroren. Doch dort, in dieser Abstellkammer des Gehirns, gibt es keine Ruhe. Unzusammenhängende Fragmente des Erlebnisses werden ins Bewusstsein geschleudert, ohne eine Chance der Verarbeitung. Die erlebten Gefühle der Vergangenheit blitzen unkontrolliert auf und lösen die damit verbundenen Körperreaktionen, wie Herzrasen oder Zittern, hervor. Dieser Teil des Gehirns scheint ein Eigenleben zu führen. Es scheint, als hätten Sie keinen Einfluss darauf. Doch das können Sie erlernen. Verstehen ist der Schlüssel dazu. Verstehen, was geschieht. Diese unverarbeiteten Informationen aus Ihrem Nervensystem werden von bestimmten Situationen ausgelöst. Es kann ein Geruch, ein Raum, ein Geräusch oder ein Duft sein, der diese Trauma Erinnerung aktiviert. Da Sie aber nicht in der Lage sind, diese Flashs mit dem Trauma in Verbindung zu bringen, sind Sie ihnen ausgeliefert. Diese verworrenen Puzzleteile müssen wieder an ihren Platz gebracht werden. Erst, wenn alle Teile dieser Erinnerung wieder aneinandergereiht werden, können Sie auch bewusst bearbeitet werden und die Belastungen, denen Sie ausgeliefert waren, werden sinken und verschwinden und Sie können lernen, bewusst damit umzugehen. Doch muss sich jeder selbst auf den Weg machen, was bedeutet, bereit zu sein, sich seinen dunklen Schatten zu stellen. Ich kann Sie auf diesem Weg begleiten, führen und unterstützen. Gehen müssen Sie diesen Weg aber selbst. Wir werden gemeinsam dieses Vertrauen in Ihre eigene Kraft stärken. Doch Sie müssen entscheiden, ob Sie sich auf diesen Prozess einlassen wollen."

In der nächsten Sitzung erklärte Dr. Hoffmann, wie dieser Prozess aussehen würde. Die Therapie nannte sich EMDR. So stand es in dem Begleittext, den Ella von ihm bekommen hatte. Diese Methode war von einer Frau Dr. Shapiro entwickelt worden. Sie hatte durch einen Zufall entdeckt, dass sich bei gewissen Stimulationen des Gehirns, zum Beispiel, wenn sie mit dem Auto an einer Allee von Bäumen, zwischen denen das Sonnenlicht flackerte, entlangfuhr, ihre Erinnerungsfähigkeit anstieg. Tatsächlich wurde nachgewiesen, das gewisse Stimulationen, akustischer, visueller oder taktiler Art, auf die neuronalen Bahnen im Gehirn wirken und blockierte Erinnerungsnetzwerke freigeschaltet und somit die negativen Ereignisse verarbeitet und verwandelt werden können. Ella verstand nicht, was damit gemeint war. Aber sie vertraute Dr. Hoffmann, der ihr die Hoffnung gab, sich von ihren inneren Dämonen befreien zu können, wenn sie sich ihnen stellen würde. Wichtig war es wohl, bevor man sich den belastenden Ereignissen annäherte, seine natürlichen Kraftquellen zu stärken, um

dann gegen kommende Stürme gewappnet zu sein.
Ella war aufgeregt. Es war ihre erste Therapiesitzung. Sie sollte es sich auf der Couch bequem machen. Dr. Hoffmann führte sie durch den Prozess. „Ella, schließen Sie Ihre Augen und entspannen sie sich. Denken Sie an ein schönes Ereignis aus Ihrer Kindheit." Zunächst kamen ihr keine Bilder. Doch dann schlich sich ein großer, schwarzer Mischlingshund vor ihre Augen. Er war ihr zugelaufen. Sie hatte ihn gefüttert und er war ihr Freund geworden. Sie hatte ihn Graf genannt. Mit ihm wanderte sie über Wiesen und Wälder und fühlte sich stark und beschützt. Dann vernahm sie wieder die Stimme von DR. Hoffmann. „Ella, nehmen Sie diese glückliche Erinnerung mit an einen Ort, an dem Sie sich sicher und geschützt fühlen. Was sehen Sie dort?" „Ich befinde mich in einem Garten mit wunderschönen Blumen. Neben mir steht ein großer Hund. Ich bin noch klein und trage ein rosa Kleid. Ich sehe aus wie eine Prinzessin. Ich halte eine goldene Kugel in der Hand. Sie fühlt sich warm und lebendig an. Hinter mir steht mein Vater, der König. Er hält ein goldenes Schwert in der Hand und er ist jederzeit bereit für mich zu kämpfen. Der Hund und mein Vater sorgen gut für mich."
Ella hörte ein rhythmisches Klopfen, wie einen Taktstock, das aus der Richtung von Dr. Hoffmann kam. „Ella, prägen Sie sich dieses Bild ein. Es ist Ihre Kraftquelle. Diese Quelle steht Ihnen immer zu Verfügung, wann immer Sie Unterstützung brauchen. An diesen Ort der Sicherheit können Sie sich immer begeben. Sprechen Sie mir jetzt bitte diese drei Sätze nach:

Ich bin wertvoll.
Ich werde geliebt und beschützt.
Ich bin sicher.

Sprechen Sie diese Sätze bitte dreimal hintereinander."
Während sie sprach, klopfte er mit einem Bleistift auf die Tischkante.

In der nächsten Sitzung sollte sich Ella an eine belastende Situation in ihrem Leben erinnern und an die Gefühle, die sie dabei gehabt hatte. Ella erinnerte sich an einen Sonntagmorgen in ihrer Kindheit und begann davon zu erzählen. Dr. Hoffmann tippte dabei rhythmisch auf ihren Oberschenkel. Sie war ungefähr sechs Jahre alt. Ihr Stiefvater Peter hatte sich in seinem Zimmer eingeschlossen und hörte Musik. Ella schlich in die Küche. Sie hatte Hunger, aber es gab kein Brot. Sie klopfte an Vaters Tür, aber er öffnete nicht. Mit knurrendem Magen legte sie sich wieder in ihr Bett und schaute sich ein Buch an. Nach einer Weile hörte sie, wie die Tür von Vaters Zimmer geöffnet wurde. Jetzt würde Vater in die Küche gehen, den Ofen anmachen, heiße Milch kochen und vielleicht einen Pfannkuchen backen. Ella schlüpfte schnell aus dem Bett und rannte in den Flur. Dort sah sie nur noch ihren Vater, der sich einen Mantel anzog und die Tür hinter sich zuschlug. Sie legte sich zurück in ihr Bett. Es war kalt und still in der Wohnung, wie in einem Grab. Ella hörte die Stimme von Dr. Hoffmann wie aus weiter Ferne. „Ella, wie fühlen Sie sich an diesem Platz?"

„Ich friere entsetzlich und ich höre das Ticken einer Uhr. Das Ticken ist so laut. Es kommt immer näher. Ich bekomme Angst. Was geschieht mit mir?"

„Ella bleiben Sie bei dem, was Sie sehen, hören oder fühlen. Sie sind sicher und es wird Ihnen nichts geschehen. Beobachten Sie, was geschieht, als würden Sie einen Film schauen. Wenn es Ihnen zu viel wird, heben Sie einfach Ihre Hand." Ella sprach stockend weiter. „Ich bin allein. Ich fühle mich klein und hilflos. Ich habe große Angst. Jetzt wird alles weit und groß in mir, als würde ich mich auflösen. Ich kann meinen Körper nicht mehr fühlen. Ich bin erstarrt und kann mich nicht mehr bewegen. Ich möchte raus aus meinem Körper, aber ich kann nicht. Ich habe Angst, dass etwas Schlimmes passiert." Sie hörte Dr. Hofmanns Stimme. „Ella, bleiben Sie da und schauen, was geschieht." Ella spürte wie eine gigantische Welle von unten nach oben durch ihren Körper explodierte und dann wurde es still in ihr. Ella hob ihre Hand.

Dr. Hoffmann forderte sie auf: „Visualisieren Sie Ihre Kraftquelle, Ihren Garten des Glücks, und schauen Sie jetzt als Erwachsene auf die Gefühle des kleinen Mädchens. Es sind die Gefühle, die Sie als Kind damals hatten. Können Sie das kleine Mädchen sehen?" Ella sah ein Mädchen. Sie schaute sie mit großen ängstlichen Augen an. „Sagen Sie dem Kind: Meine Kleine, es ist vorbei. Ich, die Erwachsene, bin jetzt da und helfe dir. Ich passe auf dich auf, du bist jetzt sicher und beschützt. Ich kann deine Angst sehen und ich tröste dich." Ella sprach die Sätze und weinte dabei. Sie war sehr bewegt und es fühlte sich so gut an, mit dem Mädchen reden zu können. Es war, als hätte sie schon so lang darauf gewartet. Eine Weile verging und dann hörte Ella wieder die Stimme von Dr. Hoffmann. „Ella, wie geht es Ihnen?“ „Ich möchte das Mädchen umarmen“, sagte sie und Dr. Hoffmann antwortete: „Ja, tun Sie das“. In ihrer Vorstellung nahm Ella die Kleine auf ihren Schoss und schaukelte sie sanft in ihren Armen. Ella wurde von Weinkrämpfen überwältigt. Dr. Hoffmann gab ihr ein Kuscheltier und sie rollte sich damit zusammen. Er ließ ihr Zeit, ihre Gefühle zu fühlen. Nach einer Weile fragte er sanft: „Wie geht es Ihnen, Ella?“

„Ich fühle mich, als wäre ich endlich angekommen, nach so einer langen Zeit.“

„Das ist sehr schön Ella. Es kann sehr heilend sein, Kontakt mit dem Kind von damals aufzunehmen. Können Sie die Gefühle des kleinen Mädchens in Ihrem Leben als erwachsene Frau wiedererkennen?“

„Ich kenne das Gefühl der Starre gut“, Ella sprach sehr leise, „oft habe ich in meinem Bett gelegen, wie damals als Kind und traute mich nicht, mich zu bewegen. Ich hatte Angst, es könnte etwas Schlimmes passieren. Ich hatte Angst, ins Bodenlose zu stürzen. Ich fühlte mich immer so ausgeliefert und von den Gefühlen überwältigt. Ich wusste tief in meinem Inneren, dass etwas Schreckliches in mir war. Ich durfte es nicht wecken, deshalb fiel ich in diese Starre. Es war wie ein Déjà-vu. Ich konnte das Gefühl, diese Angst, nie wirklich ergründen.“

„Sie haben mir erzählt, Ihr Vater hätte sie mehrmals allein gelassen. Stellen Sie sich vor, wie ein Kind es erlebt, wenn es für eine ungewisse Zeit alleingelassen wird, ohne dass es weiß, was vor sich geht. Dieses Erlebnis ist absolut beängstigend und bedrohlich. Diese Angst muss überwältigend gewesen sein. Das kleine Mädchen von damals konnte diese Angst, die so lebensbedrohlich war, nicht verarbeiten und so blieb sie im dunklen Verlies der eingeschlossenen Erinnerungen hängen. Ihr Erlebnis heute hat Sie mit der tiefen Angst des kleinen Kindes von damals in Kontakt gebracht. Sie haben es erfahren und Sie sind gleichzeitig die Erwachsene geblieben, die nicht überwältigt wurde, als sich die emotionale Ladung in Ihrem Nervensystem gelöst hat. Sie können der Angst ins Auge sehen und müssen nicht mehr flüchten und zum Opfer der Angst werden. Sie bleiben anwesend und verstehen, was geschehen ist. Nämlich, dass Ihre Panikattacken die unerlösten Ängste des Kindes sind. Indem Sie nicht zu Ihrer Angst werden, entwickeln Sie ein Bewusstsein dafür, dass die Angst nicht größer werden kann, als Sie selbst. Durch Ihre distanzierte Wahrnehmung schaffen Sie einen Raum, in dem sich der Angstdämon austoben kann. Durch die Entladungen der negativen Informationen im Nervensystem schwächt sich die Angst immer mehr ab. Das Gehirn bekommt ein Signal der Entwarnung und Ihr vegetatives Nervensystem entspannt sich. Indem Sie liebevoll auf die Angst des Kindes schauen und sie annehmen, schmilzt die Angst im Licht des Bewusstseins und in der Wärme der Akzeptanz. Dieser Prozess kann dauern und mehrere Phasen durchlaufen. Sie werden Vertrauen und Geduld brauchen. Ella, Sie haben heute schon einen großen Schritt gemacht. Es ist wie bei einer Zwiebel. Wir häuten Schicht um Schicht, bis wir den Kern erreichen."

Ella lag in einem Boot. Es war ein heißer Sommertag und das Boot trieb träge auf dem See. Ella schaute in den blauen Himmel über ihr. Die Luft war schwül. Sie ließ ihre Hände durch das kühlende Wasser fahren. Fred ruderte das Boot gleichmäßig am Ufer entlang. Ella fühlte sich sicher und geborgen. Das rhythmische Eintauchen der Ruder schläferte sie ein.
Als sie wieder aufwachte, saß ihr Vater im Boot. Der Wind hatte aufgefrischt und das kleine Boot tanzte auf den Wellen. Ella sah das Ufer nicht mehr. Sie bekam Panik und wollte schreien, aber es kam kein Ton aus ihrer Kehle.
Schweißgebadet wachte sie auf. Der Traum stand noch im Zimmer und wollte sich noch nicht verabschieden. Ella rollte sich in ihrem Bett zusammen. Hatte sie bei Fred den Vater gesucht, den sie nie hatte? Einen Vater, der sie beschützte und sie liebte? In den Sitzungen mit Dr. Hoffmann erkannte sie, dass sie dieses Gefühl von Sicherheit im Außen nicht finden konnte. In ihrem Inneren hatte es immer nur diese Leere und Starre gegeben. Doch seit sie diese Therapie begonnen hatte, begann sich die Starre in ihr zu lösen und sie war auf etwas in ihrem Inneren gestoßen, was Substanz hatte. Es wohnte eine Kraft in ihr, von der sie zuvor nichts geahnt hatte. Sie fühlte sich nicht mehr wehrlos und ausgeliefert. Etwas war in ihr gewachsen, gab ihr Halt, Sicherheit und Geborgenheit. Sie hatte den Zugang zu ihrer Seele gefunden und gelernt, ihr zu zuhören. Ihre Seele sprach von ihren Verletzungen und Ella begann zu verstehen, warum sie so gelitten hatte. Sie wusste nun,

wie sie die Wunden pflegen und heilen konnte. Lange hatte der Acker des Vertrauens, in die Liebe und ins Leben, brach gelegen. Nun wollte sie ihn wieder fruchtbar machen.

Ella setzte sich in ihrem Bett auf und nahm den Handspiegel vom Nachttisch. Dies war ihre erste Liebesübung am Morgen. Sie betrachtete sich liebevoll im Spiegel. Sie lächelte ihrem Spiegelbild zu und sagte ihre drei magischen Sätze. *„Ich bin wertvoll. Ich bin liebenswert. Ich liebe mich.*" Dann zog sie ihre Beine an ihren Körper heran, schlang ihre Arme um ihre Beine und schaukelte langsam hin und her. Dann sprach sie beruhigend zu ihrem kleinen Mädchen in sich. „Liebes Kind, du bist vollkommen sicher, beschützt und geliebt. Die Gefahr ist vorbei. Ich, die Erwachsene, lasse die Belastungen der Vergangenheit jetzt los."

Eine andere Hausaufgabe war es, ihre Angstgefühle von einer Skala von eins bis zehn zu bewerten, wenn sie auftraten. Dies sollte ihr die notwendige Distanz verschaffen, sich ihren Ängsten zu stellen und zu überprüfen, wie bedrohlich sie wirklich waren. Nach einigen anderen EMDR-Sitzungen hatte sie sich ihre eigene Trauma-Landkarte erstellt, mit all den angsteinflößenden Situationen und belastenden Reaktionen. Zum Beispiel ihre Angst vor Krankheiten, insbesondere ihrer Herzangst. Ihre neue Formel hieß Standhalten, nicht Flüchten. Dr. Hoffmann hatte ihr erklärt, die Angst zu unterdrücken würde bedeuten, dass ein Gefühlsstau und ein neuer innerer Druck entstehen könnte. Durch diese Anspannung könne es dann zu Herzrasen kommen, was wiederum die Angst vor einem Infarkt auslöse. Ella dachte an das lauernde Tier in sich, oder den Dämon, wie sie es nannte. Es stimmte, dass sie immer versuchte, diesen Dämon zu kontrollieren. Die Ursache des Gedankens, dass etwas Schlimmes passieren könnte, war das Muster ihrer Kindheit. Damals konnte sie sich noch nicht selbst beruhigen und regulieren. Das musste sie jetzt als Erwachsene lernen. Die weiteren EMDR-Sitzungen halfen ihr, die traumatischen Belastungen zu lösen, und die Angst ihrer Kindheit stellte keine Bedrohung mehr da.

SPURENSUCHE

Es war ihr erstes Wochenende zu Hause nach zwei Wochen Klinik. Dieser Aufenthalt in den eigenen vier Wänden war als Stabilisierungsmaßnahme gedacht. Ella hatte gut geschlafen und dieses Stück Normalität tat ihr gut nach dem Klinikalltag. Mit Fred fühlte sie sich allerdings wie auf einer Eisbahn. Sie konnte seine Angst und seine Unsicherheit spüren, die ihn umgab, obgleich er sich bemühte, normal zu sein. Ella empfand so etwas wie Schadenfreude, obwohl dieses Wort nicht wirklich ihr Gefühl beschrieb. Es war, als könnte sie durch seine äußere Fassade schauen und wahrnehmen, was dahinter lag. Die zwei Wochen Klinik hatten ihr gezeigt, wie erleichternd es sein kann, seine Mauern und Masken fallenzulassen. Ihre Mitpatienten hatten keinen Grund mehr, sie aufrechtzuerhalten. Sie alle hatten eine Grenze überschritten, spielten nicht mehr mit in dem großen Gesellschaftsspiel, das da heißt: „Wer seine Schwächen zeigt, fliegt raus". Sie waren nicht mehr über LOS gekommen und hatten keinen Bonus mehr erhalten. An diesem Wochenende konnte sie den Unterschied wahrnehmen, zwischen den Intakten und den Nichtintakten. Als sie mit Fred im Supermarkt einkaufen ging, schienen ihr die Übergänge fließend: Wer waren die Intakten, und wer die Nichtintakten? Waren die angeblich Normalen nicht die wirklichen Verrückten, da sie alles dafür taten, ihren inneren Wahnsinn zu verbergen?

Es klingelte an der Haustür und Ella erschrak. Sie sprang zur Tür und öffnete sie. Vor ihr stand ihre Tante Gerda und hielt ihr einen großen Strauß mit goldgelben Narzissen entgegen. Jetzt fiel es ihr wieder ein, sie hatte sich mit Gerda verabredet. Ella fiel Gerda um den Hals, und sie standen beide lange dort in der Tür und hielten sich einfach nur fest. Dann löste sich Gerda vorsichtig aus der engen Umarmung. „Ella, wie schön dich zusehen. Ich freue mich so darüber." Ella bemerkte, wie die Augen ihrer Tante feucht wurden, und es war ihr ein bisschen peinlich.

„Komm rein Gerda, ich mache uns einen Kaffee." Gerda legte ihren Mantel im Flur ab, unter dem sie ein gelbes, enganliegendes Kostüm trug. Gelb war die Lieblingsfarbe ihrer Tante und es stand ihr gut zu ihren schwarzen Haaren. Der schwarze Hut und die schwarze Handtasche verliehen ihr ein vornehmes Aussehen, und das liebte Ella an ihr. Sie strahlte Souveränität und Gelassenheit aus, ganz anders als ihre Mutter, die immer innerlich getrieben und angespannt wirkte. Als der Kaffee aufgebrüht war, setzen sie sich nebeneinander auf die Couch. Die Narzissen leuchteten in ihrem Frühlingsgelb mit Gerdas Kostüm um die Wette. Ella kuschelte sich an Gerda. Sie war zu ihrer Vertrauensperson geworden, genauer gesagt zu ihrem Muttterersatz, als sie mit 15 Jahren ihre Mutter verlassen hatte. Sie hatte das Zusammenleben mit Hannah nicht mehr ertragen können. Entweder stritten sie sich oder Hannah brach vor Selbstmitleid zusammen und Ella musste sie pflegen. Dann kam noch der Alkohol dazu und Ella zog zu Gerda und Oskar. Peter, ihr Stiefvater, hatte Hannah schon vorher verlassen. Ihre Beziehung war gescheitert. Gerda nahm

Ella in den Arm: „Mein kleines Goldkehlchen", so hatte Gerda ihre Nichte früher genannt, wenn sie traurig war. Goldkehlchen wegen Ellas klarer Singstimme.
„Ach Gerda, warum ist das Leben nur so kompliziert?"
„Eine gute Frage, mein Schatz. Wenn man bedenkt, dass wir doch alle nur unser Bestes geben wollen und dann gerade bei unseren Liebsten versagen, das ist ein Rätsel. Ich habe auch viele Fehler gemacht und mein größter war der, zu schweigen." Gerda nahm einen Schluck Kaffee und Ella setzte sich auf. Ihre Alarmglocken schrillten, aber jetzt musste die Wahrheit ans Licht. „Gerda, warum habt ihr mir alle verschwiegen, dass Peter nicht mein leiblicher Vater war?"
„Ella, das ist alles nicht einfach zu erklären. Es gab so viele Ereignisse und Versäumnisse, die dann später nicht mehr korrigiert worden sind, weil es zu schwer war. Weißt du, es ist so mit diesen Lebenslügen, je länger man sie füttert, um so mächtiger werden sie, bis du sie am Ende selbst nicht mehr hinterfragst." Wut flammte in Ella auf. „Aber es hat allen so viel Leid gebracht, und hatte ich nicht ein Recht, zu verstehen, was passiert ist? Niemand hatte mir etwas erzählt und ich musste mir meinen eigenen Reim darauf machen. Warum war Peter so abweisend zu mir? Warum wollte er immer weg? Warum blieb meine Mutter so lange fort und nicht bei mir? Damals fing ich an zu glauben, dass es an mir liegen müsste, dass keiner bei mir bleiben wollte. Ich fühlte mich schlecht und schuldig. Hättet ihr mir die Wahrheit erzählt, müsste ich heute nicht zu diesen Sitzungen bei diesem Seelenklempner rennen."

Ella fühlte die Hitze auf ihren Wangen. Sicherlich waren sie flammend rot. Sie hatte sich in Rage geredet und jetzt tat es ihr leid. „Gerda, es tut mir leid, du bist davon ausgenommen. Du warst meine Rettung. Bei dir fühlte ich mich geliebt und aufgehoben. Ich danke euch beiden für eure Unterstützung."

„Ist schon gut Ella. Ich verstehe dich und du hast das Recht, alles zu erfahren, was damals geschehen ist. Ich frage dich aber, ob der Zeitpunkt gut für dich ist?" Ohne nachdenken zu müssen, brach es aus Ella heraus: „Ja, es ist genau der richtige Moment. Ich habe in meiner Therapie schon tief gegraben und Dinge aufgedeckt, die mich verstörten. Doch ich brauche noch mehr Informationen über das Leben meiner Mutter und meines Vaters, um die Puzzleteile richtig zusammensetzten zu können. Kannst du mir dabei helfen Gerda?"

„Ja Ella, ich werde dir erzählen, was ich weiß und nichts auslassen, auch wenn es mir schwerfallen wird. Es geht schließlich um meine Schwester, die ich sehr liebe.

Du warst fünf Jahre alt, als deine Mutter erfuhr, dass Hermann, dein Vater, aus der Kriegsgefangenschaft zurückgekehrt war. Da lebte sie schon zwei Jahre mit Peter zusammen. Deine Mutter fuhr nach Berlin, um deinen Vater wiederzusehen."

„Ich weiß," unterbrach Ella ihre Tante, „ich habe Mutters Briefe, die sie an dich geschrieben hat, gelesen."

„Dann weißt du ja fast alles. Das wusste ich nicht." Gerda schaute Ella nachdenklich an. „Es ist in Ordnung, Gerda, ich habe es verdaut. Was ich nur nicht verstehe, warum meine Mutter mir nichts von meinem Vater erzählt hat,

und was danach geschehen ist, als sie uns verlassen hat."
„Es ist bestimmt nicht einfach, zu verstehen, warum Hannah euch verlassen hat und zu Hermann gegangen ist, und ich erwarte es auch nicht von dir. Aber du sollst wissen, es war die Hoffnung, nein, fast eine Verheißung, auf ein glückliches Leben. Ich habe sie gesehen, bevor sie fuhr. Sie strahlte und ihre Augen leuchteten, wie damals, als sie Hermann kennengelernt hatte. Der Krieg hatte uns alles genommen und der Glaube an ein kleines Stückchen Glück wog mehr als das Gewicht der Wirklichkeit. Ich habe sie damals gefragt: ‚Hannah bist du dir sicher, ob es diesmal funktionieren wird mit euch? In Berlin hast du keine Zukunft gesehen für euch beide.' Deine Mutter warf mir einen seltsamen Blick zu, als zweifelte sie an meinem Verstand und dann meinte sie, für sie gäbe es sowieso keine Zukunft mehr, oder ob ich ihr eine Zukunft verkaufen könnte. Die würde sie gern nehmen, aber bitte nicht mit Peter. Der Streifen am Horizont sei verloschen. Sie wollte sich doch nur ein bisschen Glück stehlen gehen. Ich habe es damals nicht verstanden, warum sie so zuversichtlich war, sich ein Leben mit Hermann aufzubauen. Ich habe mich nicht getraut, nach dir zu fragen. Es tut mir leid Ella. Ich wusste die ganze Zeit, wo sich deine Mutter aufhielt. Ich habe ihr versprochen, das Geheimnis zu bewahren."
„Sie ging also weg, ohne sich von mir und Peter zu verabschieden?" Ella drückte die aufsteigenden Tränen herunter. Sie wollte nicht mehr vor Gerda weinen.
„Als deine Mutter aus Berlin zurückkam, ging es ihr schlecht, und der Arzt empfahl ihre eine Kur in einer

Nervenheilanstalt. Man hatte eine endogene Depression diagnostiziert. Weißt du, wie eine Therapie damals aussah?“ Ella schüttelte ihren Kopf.
„Man verordnete Elektroschocks. Deine Mutter fand diese Behandlungen grauenhaft. Sie hatte Schmerzen und bekam regelmäßig einen Muskelkater danach. Doch nach sieben Behandlungen verbesserte sich ihre Gefühlslage. Die Ärzte sagten, dass durch den Krampfanfall viele Botenstoffe im Gehirn ausgeschüttet werden und auch neue Nervenzellen im Hippocampus gebildet werden können. Es hatte wohl auch bei deiner Mutter Wirkung gezeigt.“
„Dann hatte sie auch Depressionen, so wie ich.“ Ella sprach leise und eine Spur von Mitgefühl für ihre Mutter schlich sich in ihr Herz. „Wie ging es dann weiter mit ihr?“ Gerda schenkte sich noch einen Kaffee ein. „Du hast sie mit uns besucht, damals in dem Sanatorium. Sie hatte dir eine kleine Puppe geschenkt, die in einer Badewanne lag.“ Ella konnte sich plötzlich an den Geruch dieser Puppe erinnern. Sie roch nach Gummi, war nackt und lag tatsächlich in einer grünen Wanne. Sie hatte sich ein wenig gefürchtet vor der nackten Puppe.
Gerda sprach weiter. „Es lief gut für Hannah und die Ärzte meinten, sie könnte bald nach Hause gehen. Doch dann stand Hannah vor meiner Tür. Sie hatte sich selbst entlassen und erzählte mir, dass sie Hermanns Vermieterin in Berlin angerufen hatte. Sie wollte nur seine Stimme hören. Am Telefon hatte er sie angefleht, zu ihm zu kommen. Sein Leben sei ohne sie leer, da wäre er lieber im Krieg gestorben. Sie erzählte mir von einem Haus

in der Picardie, das angeblich Hermann gehörte. Dorthin wollte er mit ihr gehen. Ich versprach ihr, auf dich aufzupassen. Sie wollte dich später holen, wenn sie mit Hermann geredet hätte. Ich glaubte ihr, Ella. Ich hielt es vor Peter geheim. Ich spürte aber seinen Zweifel an der Geschichte, die ich ihm auftischte. Er rief in der Klinik an, doch sie konnten ihm auch nur von Hannahs eigenständiger Entlassung berichten. Er traute mir nicht, aber die Polizei wollte er auch nicht verständigen. So beließen wir es dabei, deine Mutter wäre in einer Kur und wenn sie wieder ganz gesund wäre, käme sie zurück. Mein Gott, was habe ich bloß getan? Jetzt kommt mir die ganze Geschichte vor, wie ein böser Traum und das war er ja auch für dich. Es tut mir so leid Ella, so leid. Hannah schrieb mir regelmäßig aus Wissant, so hieß der Ort in Nordfrankreich. Ihr Leben mit Hermann verlief nicht einfach. Nach einem halben Jahr lud sie mich und Oskar ein, sie zu besuchen. So fuhren wir nach Wissant."

Gerda und Hannah saßen in dem kleinen Bistro, das direkt an der Strandpromenade von Wissant lag. Es regnete, und Hannah beobachte die kleinen, perlenden Tropfen, die an der Fensterscheibe herunterliefen. Gerda, die gerade ihre Handtasche öffnete und einen Stapel Fotos herausnahm, sah umwerfend aus in ihrem gelben Kostüm, dessen Farbe Hannah an Kanarienvögel erinnerte. Ihre Schwester schob ihr Fotos über den Tisch. „Schau mal Hannah, ich habe dir Bilder von Ella mitgebracht. Wir haben sie bei einem Besuch im Frankfurter Zoo gemacht." Hannah nahm langsam die Fotos in ihre Hand. Sie sah ein junges Mädchen, das ein paar Ziegen fütterte und dabei sehr ernst und erwachsen aussah. Hannah schmunzelte über den Arbeitseifer ihrer Tochter.

Zärtlich strich Hannah über das Foto von Ella. Sie fühlte sich ihr so nah, und trotzdem lagen Meere der Trennung zwischen ihnen. Hannah fühlte eine Welle der Traurigkeit in sich hochsteigen und wandte sich an ihre Schwester: „Gerda, fragt Ella manchmal nach mir?“ Gerda schaute ihre Schwester liebevoll an. „Hannah, es ist nicht so einfach. Es ist schwierig, in sie hineinzuschauen. Sie erzählt wenig von Peter und fragt auch nicht nach dir. Hannah, es tut mir leid. Ella genießt ihre Ferien bei uns. Doch ihre Gefühle zeigt sie uns nicht. Wenn ich vorsichtig nachfrage, wie es ihr geht, lenkt sie schnell ab und erzählt irgendwelche Geschichten aus der Schule. Wir haben viel Spaß zusammen. Doch ich erreiche sie nicht. Sie wirkt auch nicht unglücklich bei uns. Es ist, als hätte sie einen Teil von sich verschlossen und den Schlüssel weggeworfen.“

Hannah schaute auf das graue Meer hinaus. Was Gerda erzählte, zerriss ihr Herz. Sie wollte zu ihrem Kind, es in die Arme schließen und endlich wieder zu Hause sein. Doch sie hatte ihre Heimat verloren. Das Gefühl, Ella schon längst verloren zu haben, schlich sich in ihr Herz und nahm ihr die Luft zum Atmen. Der Abstand wurde immer größer. Konnte und sollte sie jetzt einfach so, nach all der langen Zeit der Abwesenheit, in Ellas Leben spazieren? Konnte Ella verstehen, was sie getan hatte? Bei der Vorstellung vor ihrer Tochter zu stehen, bekam sie weiche Knie und ihr Herz pochte so wild, dass sie ihre zitternden Hände fest zusammenhalten musste. Ihre Hoffnung darauf, Ella irgendwann zu sich holen zu können, zerbrach immer mehr an den Klippen ihrer zerrissenen Seele. Wohin gehörte sie wirklich? Die Mutter in ihr sehnte sich nach ihrem Kind und die leidenschaftliche Frau in ihr sehnte sich nach diesem Mann, der ihr alles bedeutete, der aber immer mehr in sich selbst verschwand. Warum schien ihr ein gemeinsamer Weg so unmöglich? Sie musste jetzt eine Entscheidung treffen.

Gerda riss Hannah aus ihren Gedanken, indem sie zum Aufbruch trieb. Sie hatten Oskar und Hermann eine leckere Mahlzeit versprochen. Gerda hakte sich bei Hannah ein und gemeinsam stemmten sie sich gegen den Wind und nahmen den Weg über den Strand nach Hause. Die Männer waren noch nicht aus dem Dorf zurück und die Schwestern begannen mit den Vorbereitungen für das Essen. Hannah war schweigsam und auch Gerda, die sonst fröhlich über die Frankfurter High Society herzog, war nicht in der Stimmung dazu. Schließlich nahm Gerda ihren Mut zusammen und brach das Schweigen. „Hannah, ich will nicht in dein Leben eingreifen, aber es wird Zeit. Du musst mit Hermann sprechen. Du kannst es ihm doch nicht einfach verheimlichen, dass er eine Tochter hat. Wenn du noch länger wartest, wird es immer schwerer werden, ihm die Wahrheit zu sagen. Wovor hast du Angst? Wenn Hermann dich liebt, wird er dich verstehen und dir verzeihen."

Hannah hackte wild auf den Kräutern für den Salat herum. Dann warf sie plötzlich das Messer von sich und schlug sich die Hände vor das Gesicht. Gerda erschrak und wollte Hannah umarmen. Doch sie wies sie zurück. „Was weißt du denn schon von unserem Leben hier, Gerda. Es ist wie auf einem Vulkan. Ich weiß nie, in welcher Verfassung Hermann ist. Manchmal ist er voller Tatendrang und hat so viele Dinge vor. Dann bleibt er den ganzen Tag im Bett, will nicht essen und spricht nicht mit mir. Das macht mir solche Angst. Dann denke ich an mein Kind. Will ich sie in so ein Leben holen, mit einem depressiven Vater? Gerda, wir leben von der Hand in den Mund. Wir haben nur dieses Haus, Hermanns Job in der Kneipe und unsere Liebe, die auch nicht einfach ist. Das ist doch kein Leben für ein Kind. Hermann will jetzt nach Argentinien auswandern. Jemand gibt ihm eine Anstellung als Musiker dort. Soll ich Ella mitnehmen in so ein fernes Land? Ich weiß selbst nicht, ob ich dahin möchte. Ich weiß gar nichts mehr. Es war alles ein Fehler. Doch jetzt ist es zu spät."

Hannah begann zu weinen. Gerda legte ihre Arme um sie.

„Hannah, willst du nicht mit uns nach Frankfurt kommen. Du wirst Ella wiedersehen und dann wirst du fühlen, was zu tun ist. Dort kannst du in Ruhe überlegen, was du möchtest. Du bist durcheinander und ich glaube, hier kannst du keine klare Entscheidung treffen." „Ich kann Hermann doch nicht allein lassen. Er schafft es nicht ohne mich. Ich habe solche Sehnsucht nach meinem Kind. Was soll ich denn tun?"

Sie hörten, wie die Gartentür zuschlug, und dann standen die beiden Männer schon vor ihnen. Beide hatten rote Gesichter und glasige Augen. Hermann baute sich vor den Frauen auf: „Da sind unsere kostbaren Geschöpfe. Ohne sie wären wir nichts, mein lieber Freund". Hermann umarmte Oskar, der gefährlich schwankte. „Wir legen euch unser Herz zu Füßen," Hermann machte eine Vorbeugung und kippte nach vorne über. Hannah musste trotz allem lachen. „Ich glaube, unsere Ritter brauchen einen starken Kaffee und eine Dusche." Nachdem die Männer geduscht und gegessen hatten, wollten sie sich hinlegen. Hannah und ihre Schwester blieben allein am Kamin zurück. Hannah starrte ins Feuer, dann sah sie ihre Schwester an. „Gerda, ich komme mit nach Frankfurt. Es hat alles keinen Sinn mehr."
Als Hannah spät abends das gemeinsame Schlafzimmer betrat, war das Zimmer von Alkoholdünsten angefüllt. Hannah bekam kaum Luft und öffnete vorsichtig das Fenster. Dabei fielen ein paar Muscheln, die sie dort abgelegt hatte, zu Boden. Hermann drehte sich im Bett herum. Hannah blieb ganz still stehen. Sie wollte jetzt nicht mit Hermann reden müssen. Doch dann hörte sie seine Stimme. „Hannah, bist du das? Komm schnell zu mir." Hannah schlüpfte aus ihren Sachen und stieg zitternd vor Kälte zu ihm ins Bett. „Hannah, es tut mir leid, ich wollte dich nicht erschrecken. Oskar und ich haben zu viel getrunken. Juan war auch dort. Er hat Oskar von unserer Idee, nach Buenos Aires zu ziehen, erzählt."
Hannah dachte, es ist nicht unsere Idee. Es ist deine, aber sie sagte es nicht. „Stell dir vor, Hannah, Oskar findet es

gut. Er war richtig begeistert. Er sprach sogar davon, Auftritte für ein Tangoensemble in Deutschland zu organisieren. Tango ist sehr angesagt in Europa. Ich könnte mit Juans Hilfe eine Truppe zusammenstellen und vielleicht selbst spielen. Und ich habe den Job im Hotel. Das könnte ein neuer Anfang sein. Das hast du dir doch gewünscht, oder?" Hannah schluckte und drehte sich weg von Hermann. Hermann umfing ihren Körper mit seinen Armen und hielt sie ganz fest. Hannah traute sich nicht, sich loszumachen. Warum jetzt? Gerade hatte sie sich entschieden, nach Deutschland zu ihrer Tochter zurückzukehren. Und nun hatte Hermann eine Perspektive für sie gefunden. Doch es ging immer nur um ihn. Damals war es das Varieté in Berlin gewesen, diesmal Buenos Aries. Hatte er sie jemals gefragt, was sie wollte? Er ließ ihr keinen Raum für ihre Lebensträume. Gab es dann einen Platz für ein Kind? Sie schob seinen Arm von sich. „Hermann, Buenos Aires ist weit. Was ist, wenn es alles nicht so funktioniert, wie du es dir vorstellst? Wir können ohne Geld nicht so einfach zurück."

„Hannah, hast du so wenig Vertrauen in mich und mein Talent?" Ja, hätte sie am liebsten gesagt. Doch sie traute es sich nicht. Sie wollte ihn nicht verletzen. Warum war alles so kompliziert?

„Hannah, ich muss dir etwas sagen. Oskar hat uns Geld für die Überfahrt nach Buenos Aires gegeben. Er hat mir ein Angebot gemacht. Wenn die Tournee zustande kommt, muss ich es nicht zurückzahlen. Das geht doch in Ordnung. Ich verspreche dir, etwas von dem Verkauf des Hauses für unsere Rückfahrt bei Seite zu legen. Wenn es nicht funktioniert, kehren wir nach Deutschland zurück. Hannah, bitte sieh mich an. Das ist mein Traum. Ich kann Musik machen, mich weiterentwickeln und endlich diese verdammte Kriegsgeschichte hinter mir lassen. Was soll ich denn hier tun? Ständig am Boden liegen, weil wir die Bösen waren. Ich brauche Luft zum Atmen. Hier ersticke ich an der Vergangenheit mit ihrer Schuldenlast. Jetzt bietet sich eine Chance, in die Freiheit zu kommen. Warum sollen wir sie nicht nutzen? Wir sind jung, unabhängig, was hält uns hier? Hannah, bitte sag ja. Ich kann nicht ohne dich gehen. Ohne dich schaffe ich es nicht. Wenn ich hierbleibe, ist es mein Tod, das weiß ich."

Danach schwiegen sie lange. Dann hörte Hannah den gleichmäßigen Atem Hermanns. Er war eingeschlafen. Der Alkohol tat seine Wirkung. Hannah sah Hermann lange an. Jetzt hatte er eine Lebensperspektive für sich gefunden. Aber er würde nicht ohne sie nach Argentinien gehen. Das wusste sie. Doch es gab keine Zukunft für sie beide, weder in Frankreich noch in Deutschland. Dies stand ihr nun klar vor Augen.

Der Morgen begann mit feinem Regen. Das bleierne Meer löste sich in den grauen Horizont hinein auf. Hannah stand auf der Straße und schaute zu ihrem Schlafzimmerfenster hinauf. Dahinter schlief Hermann seinen Rausch aus. Es war ihr wie ein Verrat vorgekommen, als sie sich früh am Morgen nach unten schlich und ihre Schwester weckte und ihr ihren Plan mitteilte. Sie wollte mit ihnen aufbrechen, bevor Hermann erwachte. Sie konnte es anders nicht ertragen, als sich so davon zu schleichen. Sie hätte dabei nicht in seine Augen schauen können. Sie hatten leise und in Eile ihre Dinge zusammengepackt und dann war es so weit. Ein Blick nach oben zum Fenster, Gerda legte ihr die Hand auf ihre Schulter. Hannah gab sich einen Ruck und stieg ins Auto ein. Oskar startete den Motor und der Wagen entfernte sich langsam durch die kleinen Gassen von Wissant. Hannah fühlte sich wie in Trance. Sie fuhren oberhalb der Klippen von der Cote Opal, die heute nicht wie ein Opal leuchtete, sondern von feinem, grauen Nebel überzogen war. Traurig und verlassen wirkte der Strand mit seinen riesigen Felsbrocken, auf denen sie so oft geklettert waren. Es hätte alles gut werden können. Doch sie konnten kein neues stabiles Haus auf dem brüchigen Fundament der Vergangenheit bauen.

„Kannst du dich daran erinnern, Ella, als deine Mutter zurückkam? Wir gingen damals in eine der neuen italienischen Eisdielen, die überall wie Pilze aus dem Boden schossen. Hannah kaufte dir viele schöne Sachen zum Anziehen. Du hast darin wie eine Puppe ausgesehen und hast dich nie schmutzig gemacht. Wir dachten, es würde dir gutgehen, jetzt wo Hannah wieder da war. Aber ich glaube, wir haben uns von der äußeren Hülle täuschen lassen, oder?" Ella lachte, aber ihre Augen wirkten traurig. „Ja, an die Eisdiele erinnere ich mich. Ich sehe noch die riesigen Eisbecher mit den bunten Schirmchen vor mir, und dann gab Mutter mir ein paar Groschen und ich durfte mir ein Lied wünschen aus der Musikbox. Man musste das Geld einwerfen, dann die

Nummer des gewünschten Liedes drücken. Dann setzte sich ein Greifer in Bewegung und die Platte purzelte auf den Plattenteller. Das ist eine von meiner schönen Erinnerung mit meiner Mutter."

„Bewahre sie dir Ella", antwortete Gerda, „sie gehört zu deinen Wurzeln." Ella rieb sich ihre Stirn, sie war müde vom Reden. „Ich glaube, mit den Wurzeln, da habe ich noch keine starken ausgebildet. Mein Arzt sagt, ich müsse erst mal Heimat in mir finden. Aber ich danke dir Gerda. Ich habe jetzt schon mal ein fehlendes Stück in meiner Geschichte gefunden. Meine Mutter verließ uns, um ihren Traum von der großen Liebe zu finden. Als er zerbrach, kam sie zurück. Doch inzwischen war ihre Familie entwurzelt. Ich glaube, wir machen ein andermal weiter."

VERTRAUE DEINEM KÖRPER

Das Wochenende zu Hause war anstrengend gewesen und Ella fühlte sich merkwürdigerweise geborgen auf ihrer Station mit den geregelten Abläufen. Über ihrem Bett hatte jemand ein großes Herz auf ihr Terminbrett gemalt. Darunter stand:

DURCH HERZRASEN BEKOMMT MAN KEINEN HERZINFARKT

Wer hatte ihr diese Botschaft an das Brett geschrieben? Sie hatte keine Zeit zum Nachdenken, denn sie musste zur Gymnastik. Während der Übungen spürte sie ihr Herz klopfen und Ella dachte sofort an den Spruch über ihrem Bett. Sie würde den Fluch bannen und sich nicht mehr von all ihren Ängsten bestimmen lassen. Sie wollte kämpfen wie ein Drache und den Dämon bezwingen.
Nach der Mittagspause wurde sie in das Behandlungszimmer des Stationsarztes gerufen. Es war der Arzt, den sie auch nach ihrer Aufnahme gesehen hatte. Er sah von einer Krankenkartei auf und bot Ella einen Platz an. „Frau Führmann, ich habe hier den Bericht von Ihrem EKG, das wir in Ihrer ersten Woche gemacht haben. Da sind ein paar Auffälligkeiten zu sehen, die wir abklären sollten. Es könnte auf eine Herzmuskelentzündung hinweisen. Wir werden entsprechende Untersuchungen machen und Sie bleiben heute bitte in Ihrem Bett und nehmen an keinen Aktivitäten teil." Eine Welle der Angst schoss durch Ellas Körper, von den Füßen bis in den

Kopf. Sie hielt die Luft an. Es war absolute Todesangst, die in ihr explodierte. Eine kalte Hand griff nach ihr. Sie begann zu zittern und stotterte: „Was ist denn los mit mir? Bin ich krank?“ Der Arzt antwortete: „Machen Sie sich keine Sorgen. Wir werden alle Untersuchungen, die notwendig sind, durchführen. Im Moment kann ich Ihnen erst einmal nichts sagen. Aber das wird schon wieder. Jetzt gehen Sie auf Ihr Zimmer und ruhen sich aus.“

Ella stand auf, ihre Beine fühlten sich wie Gummi an, sie drückte die Türklinke herunter und warf die Tür hinter sich ins Schloss. Sie solle sich keine Sorgen machen. Sagt man das einem Patienten, der gerade dabei ist, in den Abgrund zu stürzen? Weinend lief sie den Gang entlang, am Schwesternzimmer vorbei, bis zu ihrem Zimmer. Sie warf sich auf ihr Bett. Warum? Warum musste es jetzt passieren? Sie war doch auf einem guten Weg gewesen. Alles kam auf einen Schlag zurück. Wie eine giftige Schlange schlich sich die miese Angst in ihre Körperzellen. Herzrasen, Unruhe und Panik hatten ihre Zepter wieder übernommen. Warum immer diese Herzangst? Jetzt hatte sie es schwarz auf weiß, dass etwas nicht stimmte mit ihr. Also doch. Es ist alles umsonst. Sie würde nie aus den Fängen ihrer Angst entkommen. ES holte sie immer wieder ein. Der Fluch ihrer Familie. Der Dämon, der sie auffraß. Das Ungute in ihnen allen hatte sich eingefressen und würde sie nie freigeben. Deshalb trank ihre Mutter und sie würde wohl ihr ganzes Leben diese Glückspillen nehmen müssen, um ihr Leben aushalten zu können.

Sie hatte nicht mitbekommen, dass die Tür geöffnet wurde. Es war Katja, die leise an ihr Bett trat. „Hey, Ella, wie geht es dir?“ Ella nahm Katjas Hand und drückte sie. „Sie haben was gefunden bei mir, und ich weiß nicht, was los ist. Ich habe solche Angst, dass sie was Schlimmes mit mir machen!“

„Ich weiß Bescheid. Ich habe deinen Bericht gesehen. Deshalb bin ich auch gekommen. Ich werde dir jetzt Blut abnehmen. Daran kann man schon sehen, ob es eine Herzmuskelentzündung ist. Wenn die Werte in Ordnung sind, ist alles gut. Du bist nicht in Gefahr. Hier bist du gut aufgehoben und am besten Ort. Hier können wir dir schnell helfen und eine Entzündung kann gut behandelt werden. Ich werde die ganze Zeit immer wieder nach dir schauen. Manchmal sind die Ärzte hier nicht so sensibel, wie sie es sein sollten. Versuche, es als einen Test zu sehen. Du bist schon weit gekommen. Aber ich weiß, wie schnell man umfallen kann. Ich falle auch ständig wieder in alte Gedankenmuster zurück und es verlangt einem alles ab, um da wieder rauszukommen. Wir müssen üben, üben und üben. Übrigens, der Spruch auf deinem Terminboard ist von mir.“

Jetzt musste Ella lachen und ganz spontan umarmte sie Katja. „Ich danke dir Katja, es geht mir schon besser. Das Gespräch hat mir sehr geholfen. Es fühlt sich alles etwas leichter an. Und dann kann ich auch verstehen, dass meine Angst nur in meinem Kopf ist. Es ist nicht die Realität. Ich bin nicht in Lebensgefahr. Doch in meinen Gedanken spielen sich die schlimmsten Szenenarien ab und dann reagiert mein Körper darauf. Dann bin ich die

Angst und ihr ausgeliefert. Wie kann ich es stoppen?“ Katja lächelte sie an. „Deshalb bist du ja hier. Du kannst üben und deine eigene Strategie finden, um den Automatismus zu bremsen. Darüber zu reden hilft schon. Damit gehst du auf Distanz zu dem, was sich in dir abspielt. Es hilft dir, einen Mechanismus zu entkoppeln. Was bei dir geschieht, ist Folgendes: Du entwickelst die schlimmsten Vorstellungen in deinem Kopf und dein Körper reagiert. Diese Körperreaktion verselbstständigt sich und immer, wenn du Situationen erlebst, die dein Gehirn als gefährlich einstuft, wird sofort die Angst aktiviert und nicht deine angemessene, bewusste Wahrnehmung der Situation, die dir dann hilft, das Richtige zu tun. Das ist ein Teufelskreis. So wie eine Katze, die sich in den eigenen Schwanz beißt.“ Ella erwiderte: „Das leuchtet mir ein. Doch es ist sehr schwierig und anstrengend, sich selbst zu überführen, und aus dem toxischen Kreislauf zu befreien. Aber du machst mir Mut. Ich weiß nicht, was ich ohne dich machen würde.“

Katja lächelte sie an und erwiderte: „Weißt du Ella, wenn ich dich hier erlebe, muss ich an meine eigene Zeit in der Psychiatrie denken. Es erinnert mich an eine Mitpatientin von damals. Sie hieß Jacki. Wir lernten uns auf der Station kennen. Sie litt auch unter Depressionen. Wir verstanden uns von Anfang an. Wir waren die besten Therapeutinnen für uns selbst. Alles, was die eine fühlte und aussprach, war der anderen so vertraut. Wir brauchten keine Erklärungen und Umschreibungen, so wie wir sie den Oberärzten ständig unter die Nase reiben mussten. Sie bohrten in uns herum und glaubten, was für Schätze sie in uns bergen konnten. Doch wir hielten sie für äußert seltsam, sozial inkompetent, und nur ihr Klemmbrett mit ihren Medikamentengaben gab ihnen das Gefühl, ein Gott in Weiß zu sein und alles unter Kontrolle zu haben. Aber wir hatten uns. Wir lachten, weinten, zitterten gemeinsam und wenn es eine in den Abgrund zog, stand die andre auf und gab Rückenwind und Trost. Ich weiß nicht, wie ich es ohne Jacki überstanden hätte. Die Ärzte finden nicht immer die richtigen Worte, da sie es nie erlebt haben, wie es sich anfühlt, wenn man mit zweihundert Sachen auf den Abgrund zurast, oder wenn man dort angekommen ist, am Boden liegt und glaubt, nie mehr nach oben zu kommen. Ich will die Ärzte nicht alle verteufeln, es gibt auch einige Gute hier, wie zum Beispiel Dr. Hoffmann. Es ist auch gut hier zu sein, im geschützten und sicheren Raum."

„Ja, das habe ich an meinem freien Wochenende gemerkt. Draußen ist alles so weit, so laut und zu viel", unterbrach Ella sie. „Die Erfahrung musste ich auch machen. Solange du auf der Station bist, ist es wie im Brutkasten. Du bekommst Zuwendung und Hilfestellung. Doch wenn du rauskommst, wird es kalt und du bist auf dich allein gestellt. Dann geht die richtige Therapie los." Ella verzog das Gesicht. „Keine großartigen Aussichten für mich." „Ein Rosenweg ist es nicht, aber es ist dein Weg und du gehst ihn Stück für Stück. Doch jetzt bist du hier und konzentrierst dich auf das, was als nächstes kommt. Ich bin für dich da, wenn du Hilfe brauchst. Okay? Ich weiß, wie du dich fühlst und wir werden es zusammen schaffen. Jetzt gibt es erst mal eines Picks in den Arm."

DIE HEILUNG BEGINNT

Am Nachmittag gab es Entwarnung und Ella atmete auf. Die Untersuchungsergebnisse waren in Ordnung. Ella ging nach dem Abendbrot in den Aufenthaltsraum für die Patienten. Sie wollte sich nach diesem intensiven Tag ablenken. Normalerweise mied sie das Zimmer, in dem ein Fernseher vor sich hin plärrte und doch niemand genau einem Programm folgen konnte, da immer wieder jemand reinkam, einfach den Sender wechselte und dann unter Protest der anderen den Raum verließ. Doch heute Abend wollte sie nicht allein auf ihrem Zimmer bleiben. Nach lautstarken Diskussionen verständigte man sich auf eine Quizshow, die auch gut ankam, bis Heidi, ihre Mitbewohnerin, mit einer riesigen Schüssel voller Süßigkeiten den Raum betrat. Danach verlor der Fernseher sein Rennen an die Schüssel, der Showmaster ertrank in einer Flut von Schokoladenpapier und seine Assistentin versuchte sich vor dem Bombardement, bestehend aus leeren Bonbonkügelchen, zu retten. Zwischendurch schaute Katja ins Zimmer, die dann auch direkt beschossen wurde und sich lachend zurückzog. Ella hatte sich in einen gemütlichen Sessel gelümmelt und dachte, dass dies hier wirklich ein Irrenhaus war.

Sie musste plötzlich über alles lachen, wie ein albernes Kind, und ihre innere Anspannung ließ immer mehr nach. Nach der Einnahme ihrer Medikamente für die Nacht döste sie vor dem Fernseher ein. Laute Stimmen weckten sie auf. Ella setzte sich langsam auf und versuchte sich zu orientieren. Der Aufenthaltsraum hatte sich geleert. Warum hatte sie niemand geweckt? Die Stimmen auf dem Flur wurden lauter und kamen näher. Ella nahm ihre Decke und stand auf. Sie wollte gerade auf ihr Zimmer gehen, da sah sie einen Patienten, der sein Bett über den Flur rollte. Ihm folgte eine Pflegerin, die beruhigend auf ihn einsprach. „Ich bleibe keine Nacht mehr mit dem auf einem Zimmer. Der brüllt die ganze Zeit, dass er mich umbringen will. Der ist doch irre." Ella schmunzelte. Gute Selbsteinschätzung, dachte sie.

Es geschah häufig in der Nacht, dass Patienten unruhig wurden. Sie bekamen meist starke Beruhigungsmittel gespritzt. Ella schob sich schnell an dem Mann vorbei und verschwand in ihrem Zimmer. Als sie in ihrem Bett ankam, öffnete sie ihre Nachttischschublade und nahm eine Nagelschere heraus. So fühlte sie sich sicherer in der Nacht. Sie löschte ihr Licht. Nach der völligen Schwärze im Zimmer nahm sie den bläulichen Streifen wahr, der von der Notbeleuchtung des Flurs unter der Zimmertür hindurchfloss. Sie wusste, ein paarmal in der Nacht wurde der Lichtstrahl durch das Öffnen der Tür unterbrochen und eine Pflegerin würde an ihr Bett kommen und über ihren Schlaf wachen. Sie merkte wie das Schlafmittel, das sie bekommen hatte, zu wirken begann. Ihr Körper wurde schwerer und schwerer.

Die Gardine vor ihrem Fenster verwandelte sich in ein Kapitel in einer riesigen Kathedrale. Das Kirchenschiff wurde immer größer und weiter. Die glatten Marmorsäulen strahlten Kälte ab und Ella fröstelte.

Eiseskälte drang in ihre Knochen und ließ sie erstarren. Eine unüberschaubare Menge von Nonnen strebte in blaugrauen Gewändern auf den Altar zu und verschwamm dort zu einem meeresblauen Aquarell. Ella fühlte, wie sie hinab sank. Ein sanfter Sog nahm sie mit in die Tiefe. Eine tiefe Ruhe kehrte in ihren Körper ein. Warmes Wasser umgab sie und ihr Körper befreite sich aus seiner Starre. Schwereloses Gleiten durch ein nächtliches Blau bereitete ihr solche Freude über die Leichtigkeit ihres Körpers, dass sie glaubte, gleich fliegen zu können. So hatte sie ihren Körper noch nie wahrgenommen. Ihr freundlich zugewandt, ohne Begrenztheit, konnte er alle Formen annehmen, die sie sich vorstellte. Stark wie eine Kriegerin, geschmeidig wie eine Tänzerin, spielerisch wie ein Delfin, würdevoll wie eine Königin, kraftvoll wie eine Welle und wunderschön wie eine Göttin.

Tiefes Vertrauen in ihre Fähigkeiten und Kräfte erfüllte ihr Herz und sie gab sich selbst das Versprechen, sich dem Ozean des Lebens hinzugeben, was immer er auch in seiner Tiefe bereithalten würde. Das Leben war nicht ihr Feind, war nicht da draußen, sondern sie selbst war das Leben. Sie trug das Wasser des Lebens in sich, das ihre Zellen durchspülte. Dieser Quell hat nur eine Aufgabe, nämlich alles zu durchdringen und durchlässig zu machen.

Diese Einsicht machte ihr eines klar. Sie war der Quell und schon immer gewesen, bevor sie dem Ozean entstiegen war. Sie schwamm in diesem wunderbaren, warmen Wasser. War sich über jedes einzelne Sandkorn ihres

Potentials gewahr und der universellen Kraft ihrer Schöpferenergie. Sie verfügte über die Macht, diese Energie zu lenken und auf dieser Welle zu reiten. Ein nie zuvor erlebtes Glückgefühl durchströmte ihren Körper und ihr Geist strahlte hell und klar.
Ein schrilles Geräusch von irgendwo aus dem Raum drängte sich unangenehm in ihr Bewusstsein. Ella öffnete langsam ihre Augen und das Tageslicht entließ den Traum der Nacht ins Vergessen. Ella wehrte sich gegen diese aufdringliche Wirklichkeit. Sie wollte in ihrem Traum verweilen. Was war es gewesen? Ein Traum, eine Vision oder eine Halluzination von den Medikamenten? Ihr Verstand konnte nur Schnipsel von dem Erlebnis der Nacht ergreifen, doch ihr Körper und ihr Zellbewusstsein bewahrten es noch lange.
In ihrer nächsten Sitzung mit Dr. Hoffmann erzählte Ella von ihrem Traum. Er fragte sie, welche Botschaft dieser Traum für sie enthielt. Ella überlegte und sprach dann langsam. „In dem Traum fühlte ich mich vollkommen zu Hause in mir. Mein Körper fühlte sich frei und gesund an. Es gab keine angsteinflößenden Körperreaktionen mehr. Es fühlte sich an, als hätte ich einen neuen Körper bekommen, in dem ich mich endlos wohl und unbegrenzt erleben konnte. Immer, wenn ich jetzt an dieses Körpergefühl denke, spüre ich eine Weite in meinem Körper und ich komme endlich an."
„Wie unterscheidet sich dieses neue Gefühl von dem altem, welches Sie vorher zu Ihrem Körper hatten?"
„Ich kann meinem Körper vertrauen und mich in ihn hinein entspannen. Ich muss nicht mehr aufpassen und

das launische Tier unter Kontrolle halten, damit es nicht nach mir schnappt. Mein Körper ist ein Wohlfühlort und ich bin dort zu Hause."

„Das ist ein großer Schritt, den Sie machen und Sie beschreiben es sehr klar, wie sich die Distanz zu Ihrem Körper verringert und Sie immer mehr zu Ihrem Körper werden. Dies ist ein Zeichen dafür, dass Sie wieder Vertrauen entwickeln, in sich und zum Leben. Ihr Körper ist nicht abgespalten und führt kein eigenständiges Leben. Er ist nicht der Dämon, für den Sie ihn lange hielten und der Ihnen Schaden zufügen will. Sie sind dabei, Ihren Körper und Ihre Seele zu integrieren und das nach Hause zu bringen, was durch Ihr Entwicklungstrauma abgekoppelt war."

Ella unterbrach ihn und fragte nach. „Was meinen Sie genau? Was hat sich denn abgekoppelt?" Dr. Hoffmann nahm sich einen Moment Zeit und dann begann er, zu sprechen. „Denken Sie noch einmal an Ihren Traum, Frau Führmann. Sie befanden sich in einer Kathedrale, die Sie als weit und groß beschrieben haben. Es war Ihnen kalt und Sie hatten ein unangenehmes Gefühl von Erstarrt sein in Ihrem Körper. Erstarren bedeutet Zusammenziehen, Verengen. Dies ist eine gute Beschreibung für das, was beim Trauma geschieht. Stellen Sie sich ein kleines Kind vor. Innerhalb der ersten drei Jahre ist die größte Sehnsucht des Kindes angenommen, aufgenommen zu werden und anzukommen bei der Mutter. Es ist nicht nur eine Sehnsucht, sondern ein lebenswichtiges Bedürfnis. Das angenehme Gefühl, bei der Mutter zu sein und den dadurch ausgeschütteten Hormonen, wie dem Oxytocin, unterstützt das Wachstum der neurologischen Nervenbahnen im Gehirn. Die Nervensysteme von Mutter und Kind schwingen gemeinsam und es werden wichtige Informationen an das Nervensystem des Kindes übermittelt.

„Traumatische Erfahrungen, zum Beispiel durch Tod, Verlust oder Trennung, hinterlassen ihre Spuren im System der Mutter. Das feine und zarte Nervensystem des Kindes wird damit überflutet und vollkommen überreizt, das System zieht sich zusammen und bleibt unterentwickelt. Dies hat einen großen Einfluss auf die spätere Entwicklung von Empathie, sozialer Kompetenz und der Ausbildung einer Selbstregulierung bei emotionalem Stress. Es kann zu einer Abspaltung von Körper und Emotionen kommen oder zu einem überreizten Sympathikus, dadurch können keine Informationen, etwa von der Entwarnung von Gefahr, an das Gehirn gegeben werden. Somit befindet sich das Gehirn immer im Ausnahmezustand und im Gefahrenmodus. Es kommt zu keiner Entladung und Entspannung, und das Gehirn sendet weiter die Botenstoffe aus, die bei Gefahr abgerufen werden. Aus einem Schutzmechanismus der Psyche heraus, kann es bei dem Erleben einer traumatischen Situation zu einer Dissoziation des Erlebten und der Gefühle kommen. Körperliche und emotionale Taubheit, Energieverlust bis zur Lebensverweigerung sind die Folge.

„Dann schwammen Sie im warmen Wasser und fühlten sich wohl, dehnten sich aus in Ihrem Körper, machten ihn zu Ihrem Zuhause und fühlten sich angekommen und angenommen. Dies ist eine sehr wichtige Heilungsbotschaft Ihrer Seele, die sich in dem Traum ausdrückt. Wasser bedeutet Leben und Vertrauen. Sie haben die Kraft in ihrem Geist. Sie können zurück zur Quelle gehen oder in die Angst und die Dunkelheit. Ihre Quelle ist nicht versiegt. Das war sie nie. Nur manchmal wurde sie verschmutzt durch den Schlamm, der sich angesammelt hatte. Aber Sie haben das Potential, sie wieder freizulegen. Wir können unsere Kanäle wieder wässern mit Liebe, Geborgenheit und Vertrauen. Ihre Eltern können diese Kanäle nicht mehr füllen. Das ist vorbei. Aber Sie als Erwachsene können sich die Nahrung geben. Ella, Sie sind auf einem guten Weg dazu."

Ella schrieb in ihrem Zimmer einen neuen Spruch auf ihr Board. „Vertraue deinem Körper, vertraue deinem Leben."

ERNÜCHTERUNG

Der zwanzigste Februar war ein normales Datum, aber kein normaler Tag für Ella. Die letzte Freitagnachmittagsrunde stand für sie an und es sollte ihr Abschied aus der Klinik werden, nach acht Wochen stationärem Aufenthalt.

Jeden Freitagnachmittag versammelten sich die Patienten im Essraum zu Kaffee und Kuchen. Es gab eine Runde, in der sich jeder, der mochte, zu Wort melden konnte, um die vergangene Woche zu kommentieren. Nach und nach trudelten alle Patienten der Station ein. Zu einigen von ihnen hatte Ella eine vertraute Beziehung aufgebaut. Andere wiederum waren ihr nicht so nah gekommen. Doch sie fühlte eine Solidarität und eine Gemeinschaft mit diesem Kreis von Menschen. Es war die gemeinsame Erfahrung einer inneren Hölle, die nur der verlassen kann, der erkennt, dass er sie selbst erschaffen hat.

Katja hatte ihr in der ersten Zeit auf der Station immer wieder gesagt, wie wichtig der Kontakt zu den Mitpatienten sei. Als sie jetzt in die Runde schaute, verstand sie, was Katja ihr sagen wollte. Diesen Menschen war es genauso ergangen wie ihr. Ihre Geschichten zu hören war nicht beklemmend und beängstigend, wie sie es am Anfang befürchtet hatte, sondern es war heilend. Es gab ihr das Gefühl, nicht allein mit all ihren verstörenden Gefühlen zu sein. Die anderen konnten verstehen, wovon sie sprach, sie konnten sich austauschen, anfeuern und Trost spenden. Manchmal brauchte es nur eine Hand auf der Schulter oder ein Lächeln, wenn der Oberarzt eine schlechte Nachricht ausgesprochen hatte. Hier war das Lachen über andere Menschen keine Schadenfreude, sondern ein befreiender Humor, weil es alle betraf. Die Mitglieder dieser eingeschworenen, kleinen Truppe waren oft die besten Therapeuten gewesen, weil es nichts gab, was sie nicht verstanden hätten. Sie konnten mit jeder Situation umgehen. Jeder Zwang zur Empathie fehlte. Man lachte oder schwieg, wenn man sich danach fühlte. Aber wenn es ein Mitfühlen gab, war es echt und kam aus dem tiefsten Herzen.

Als alle an ihrem Platz saßen, stand Ella auf und strich sich nervös eine Strähne aus ihrem Gesicht. Ihr Herz klopfte und ihre Hände schwitzen. Mit zitternder Stimme begann sie zu sprechen. „Als ich vor acht Wochen hier ankam, erschien mir alles so unwirklich und ich konnte mir damals nicht vorstellen, zu einem Teil dieser Gemeinschaft zu werden. Nun fällt es mir schwer, Abschied zu nehmen. Ihr seid zu meiner Familie geworden. Die Selbstverständlichkeit, mit der ihr mit mir umgegangen seid, hat mich berührt und ich möchte mich dafür bedanken. Ich konnte allein sein und jeder ließ mir meine Ruhe, wenn ich es wollte. Ich habe es geliebt mit euch zu lachen, Unfug zu machen und habe auch manche Umarmung gebraucht. Ich habe wieder gelernt, zu vertrauen, vor allem mir selbst. Ich bin sehr aufgeregt. Nun wird es ernst für mich. Wie werde ich da draußen zurechtkommen? Ich weiß, dass ich nicht allein bin. Ich werde an euch denken, wenn ich mich allein fühle. Ich wünsche euch allen viel Kraft und Mut für euren weiteren Weg." Danach gab es viele Umarmungen, viele gute Wünsche und jede Menge Kuchen. Ein letztes Mal ging Ella in das Schwesternzimmer, um sich von Katja zu verabschieden. Katja stand auf und nahm einen Blumenstrauß aus der Vase. Sie übergab ihn Ella. „Ich wünsche dir einen glücklichen Beginn für dein neues Leben. Ich glaube an dich. Du wirst es schaffen." Tränen flossen über Ellas Gesicht. „Katja, ich danke dir. Du warst hier meine Stütze und du hast mir beigestanden. Ich werde das nie vergessen."

Auf dem Flur wartete Fred mit einem weiteren Blumenstrauß. Gemeinsam gingen sie den Gang entlang zum Ausgang. Fred trug ihre Taschen und Ella ihre Erinnerungen mit sich. Der Tag ihrer Aufnahme zog an ihr vorbei. Sie sah sich selbst. Ein Häuflein Elend, das da den Flur rauf und runter getigert war. Unruhig, verzweifelt und am Ende ihrer Kraft. Nun schritt sie aufrecht, an der Seite ihres schönen Mannes und fühlte sich wie eine Braut. Sie freute sich auf ihr gemeinsames Zuhause. Es war doch ihr Leben und das wollte sie sich neu erobern, ohne die ganzen Altlasten. Einige Patienten hatten niemanden, der sie erwartete. Ihnen blieb nur eine einsame Insel, die sie ihr Leben nennen konnten.

Sie harkte sich bei Fred ein und schmiegte sich an ihn. Am Auto angekommen, öffnete Fred Ella die Wagentür und sie stieg langsam ein. Sie ließ sich in den warmen Sitz hinein sinken und genoss die Behaglichkeit der komfortablen Limousine, den Fred als Firmenwagen erhalten hatte. Fred war Chefdesigner bei einem namhaften Automobilhersteller und verfügte über ein gutes Einkommen. Ella war sich über dieses Privileg bewusst. Sie musste nicht arbeiten und konnte sich erst mal die Zeit nehmen, um ihr Leben wieder aufzunehmen, und sie fühlte eine zarte Regung von freudiger Erwartung, die sich in ihr ausbreitete. Sie würde Blumen kaufen und die Wohnung neu dekorieren. In der Klinik hatte sie die aufhellende Wirkung von gestalterischen Tätigkeiten auf ihre Seele erfahren. Sie würde viele schöne kreative Dinge in Angriff nehmen.

Der Motor des Wagens lief rund und gleichmäßig. Fred hielt gelassen seine Hand auf dem Lenkrad. Die Situation hatte sie schon einmal erlebt. Sie hatten sich bei einem Konzertabend in Frankfurt kennengelernt und Fred brachte sie nach Sachsenhausen zu Gerda und Oskar. Es war ein lauwarmer Sommerabend gewesen. Ella hatte ihre Fensterscheibe heruntergekurbelt und hielt ihr Gesicht in die von Grillen vertonte Nacht. Grillen erzählten ihr vom Süden, von Sinnlichkeit und Leichtigkeit. Hin und wieder warf ihr Fred einen Blick zu, den sie heimlich in sich aufnahm. Dieser Blick kroch in sie hinein und erzeugte ein Kribbeln im Nacken, das langsam an ihrem Rücken herunterperlte, wie Schweißtropfen auf heißer Haut an einem Sommertag.

Etwas in ihr entspannte sich immer mehr und es war, als würde sie endlich in einen sicheren geschützten Hafen einlaufen. Sie hätte noch ewig durch die Nacht gleiten können, um dieses Gefühl von Wohligkeit bis zur Unendlichkeit ausdehnen zu können. Fred bremste plötzlich und Ella wurde nach vorne geschleudert. Sie hielt sich am Armaturenbrett fest. „Ella, ist alles in Ordnung? Entschuldige, ich musste schnell abbremsen." Ella saß steif in ihrem Sitz. Eine Welle der Angst rollte durch ihren Körper, von den Füßen bis zum Herz. Nein. Bitte nicht. Diese Angst kannte sie, doch hatte sie es nicht so schnell erwartet, ihr wieder zu begegnen. Sie beobachtete, wie die Welle langsam abflaute und beruhigte sich durch langsames Atmen. Das hatte sie in der Klinik gelernt. Durch das bewusste langsame Atmen ließ sich das vegetative Nervensystem herunterfahren. Da war sie wieder in der Realität angekommen. Es würde nicht einfach sein, sich dem Leben zu stellen ohne das Auffangnetz der Klinik. Sie war nun auf sich selbst gestellt. „Ella, ist alles okay bei dir? Du bist so blass."

„Ja es ist alles gut Fred. Ich habe mich nur erschrocken." Ella steckte ihre Hand in ihre Jackentasche. Ihre Finger umfingen die Schachtel mit den Beruhigungstabletten, die ihr Katja bei ihrem Abschied in die Tasche gesteckt hatte. Es war gut zu wissen, sie zu haben.

Die erste Woche zu Hause war gut verlaufen. In der Klinik hatte man ihr geraten, einen Beschäftigungsplan aufzustellen. Er sollte aus Haushaltsarbeit und einem Freizeitprogramm bestehen. Die Struktur sollte ihr helfen, den Alltag zu meistern und nicht in Grübeleien zu verfallen. Ihre erste Maßnahme war, dem Gärtner zu kündigen und sich selbst ans Werk zu machen. Die Beete warteten auf ihre neue Bepflanzung und der Frühling stand schon in den Startlöchern. Ella trank eine Tasse Kaffee und betrachtete den Garten. Sie überlegte sich gerade die Anordnung der Pflanzen, da spürte sie plötzlich zwei Hände auf ihren Schultern. Reflexartig drehte sie sich um und sah in Freds blaue Augen. „Hallo meine Schöne. Wie geht es dir? Wie hast du den Tag verbracht?" „Puh, Fred du hast mich erschrocken. Bitte schleiche dich nie wieder so an mich heran." „In Ordnung meine Königin. Ich springe schnell unter die Dusche." Ella antwortete: „Dann bereite ich das Abendbrot vor."

Später aßen sie zusammen vor dem Kamin. Ella hatte einen Salat mit selbstgebackenem Brot, auf das sie besonders stolz war, gereicht. Dazu tranken sie einen roten Wein, in dem sich das Licht des Kamins brach und feurig glänzte. Ein Glas Wein war erlaubt, da sie noch ihr Antidepressiva einnahm. Sie traute sich nicht, es schon abzusetzen. Sie stießen miteinander an und Ella genoss die ölig schwere, fruchtige Flüssigkeit, die in ihrer Kehle herunterfloss. Fred erzählte von seinem Tag und den Neuigkeiten im Büro. Ella hörte unaufmerksam zu. Sie sah sich selbst zu, wie sie trank, aß und sprach. Das äußere Bild schien perfekt. Ein junges Paar in seinem schönen Zuhause, das den Feierabend genoss. Es war zu perfekt und zu glatt. Fred fragte nach ihrem Befinden. Das tat er jeden Tag.

Ella musste an die Ärzte in der Klinik denken. Sie erzählte Fred von sich und was sie so den ganzen Tag machte. Die Gartenarbeit, den Töpferkurs, den sie gerade begonnen hatte. Mit der täglichen Gymnastik und Hausarbeit war ihr Tag auch ausgefüllt. Doch ihre Erzählungen kratzten nur an der Oberfläche und gaben nicht das vollständige Bild von ihr wieder. Ella verspürte nicht die Lust, sich vollständig mit dem, was in ihr vor ging, zu zeigen. Es fehlte Fred die Vorstellung von dem, was sie erlebt hatte, und sie glaubte nicht daran, dass er es verstehen könnte. Ihr fehlten ihre Freunde aus der Klinik, die einfach wussten, was los war und dass es nicht immer eine Lösung gab, aber ein Verständnis. Sie spürte Freds Angst vor ihren seelischen Abgründen und sein Unvermögen, es auszuhalten. Sie hatte doch nur das Bedürfnis zu reden, ihn teilhaben zu lassen an ihrer inneren Welt. Dazu hatte man ihr auch in der Therapie geraten. Doch Fred zeigte ein Verhalten, wie die Oberärzte bei der Visite. Wie geht es ihnen heute? Helfen die Medikamente? Ella fühlte, wie sie sich innerlich von ihm entfernte.

IM KOKON WARTET EIN SCHMETTERLING

Eine Seidenraupe hat nur einen Auftrag in ihrem kurzen Leben zu erfüllen. Doch der ist unfassbar schwierig. Sie tötet sich selbst, um in neuer Form wiedergeboren zu werden. Sie produziert in ihren Drüsen einen Faden, den sie bis zu 300.000-mal um ihren Körper winden muss. Sie lässt ihre alte Form hinter sich und transformiert sich zu einem wunderbaren fantasievollen Wesen: Einem Schmetterling.

Ella lies das Magazin sinken und schaute in den Garten hinaus. Welche Wunder der Natur spielten sich dort gerade ab. So wie diese kleine Seidenraupe diesen Herkulesauftrag annahm, um ihre Bestimmung zu erfüllen, war die Welt der Natur bestrebt, dem Leben in seiner Entfaltung in Demut zu dienen. Auch wenn es die Folge davon war, zu sterben. Letzten Endes bedeutet dieser Tod Evolution. Ohne Weiterentwicklung kein Leben. Der Tod ist nur der Übergang zu einer neuen Form. Doch dies war das Problem. Wie sollte etwas Altes aufgegeben werden, ohne zu wissen, was das Neue war?

So fühlte Ella sich in ihrem Kokon. Sicher eingesponnen in den warmen Kokon, den Fred ihr bot, fühlte sie sich wie eine dicke Raupe, die das Risiko zu sterben und damit die Möglichkeit auf ein neues Leben, aufgegeben hatte für ein behagliches Leben. Doch dieses Leben stank nach Fäulnis und der Geruch wurde von Tag zu Tag stärker.

Ella saß in dem gelben Salon ihrer Tante Gerda. Dieses Zimmer lag nach Süden ausgerichtet und fing die nachmittäglichen Sonnenstrahlen der Märzsonne ein. Ein Fensterflügel stand auf und die Wärme trat höflich ein und umschmeichelte die Gesichter von Ella und ihrer Tante. Als wollte die Sonne ein Versprechen auf mehr geben, brach sich das noch junge Frühlingslicht einen Weg zwischen den Bäumen und Pflanzen und tauchte den Garten in ein magisches Grün. Ella nippte an ihrem grünen Zeltinger. „Gerda, ich glaube, ich komme nicht mehr weiter, wenn ich mit Fred zusammenbleibe." Gerda fragte: „Ella, weißt du denn, wohin du willst?" Ella schwieg und schaute zu, wie sich die Schatten der Jalousien auf dem curryfarbenen Sofa jagten. Das war ihr wunder Punkt. Ihr Schiff war vom Kurs abgekommen und trieb navigationslos in der Flaute. Wohin wollte sie denn? Sie wusste nur, wohin sie nicht wollte, und das war zurück in ihr altes Leben. Aber das Land ihrer wahren Seele war nicht in Sicht. Ella versank in ihren Gedanken, als sie Gerdas Stimme vernahm. „Ella, weißt du was ich glaube? Mach einen Schritt nach dem anderen. Nimm dir eine eigene Wohnung und versuche einen Job zu bekommen. Dann kannst du dich unabhängig von Fred machen. Das ist schon ein guter Weg. Du wirst sehen, wie es sich entwickelt und was du brauchst. Du wirst nie wissen, wo es lang geht, wenn du nicht beginnst, den Weg zu gehen."

Ella saß an dem geöffneten Fenster und schaute in den Hof. Ihre Blumen in den Kästen machten einen traurigen Eindruck und brauchten dringend Wasser. Ella nahm die kleine Gießkanne und füllte sie im Küchenwaschbecken. Sie hörte die spielenden Kinder im Hof, die sich unbeschwert mit Hüpfkästchen und Seilspringen vergnügten. Zartes Abendrot fiel vom Himmel. Die Vögel liebkosten das Ende des Tages. Während Ella wartete, dass die Kanne volllief, spürte sie die Sicherheit der sich wiederholenden Dinge des Alltags, und es machte sie glücklich, den darin ruhenden Frieden zu fühlen. Es war eine kleine, übersichtliche Welt. Es war ihre Welt. Hier hatte sie sich ihr kleines Heim geschaffen und das Alleinsein hatte seinen bitteren Geschmack verloren.

SCHICHT UM SCHICHT

Der März neigte sich dem Ende zu. Die Sonne nahm langsam Fahrt auf. Ella saß im Park, der sich nicht weit von ihrer neuen Wohnung befand. Sie hatte ihre Augen geschlossen und genoss die Sonne auf ihrem Gesicht. Sie fühlte sich gut in ihrem neuen Leben, das ohne Fred stattfand. Gegen ihre Befürchtungen war die Trennung ohne großen Streit verlaufen. Ella glaubte sogar, Erleichterung in Freds Gesicht gesehen zu haben, als sie ihm ihre Entscheidung mitteilte. Fred war ruhig und sachlich geblieben, als hätte er die Trennung vorausgesehen. Vermutlich hatte er sich schon während ihrer Therapie von ihr distanziert. Gerda half ihr bei der Wohnungssuche, und sie hatten eine Zweizimmerwohnung mit Küche und Bad in einem renovierten Altbau gefunden. Die Wohnung lag im vierten Stock, was schon einiges an Kondition erforderte, täglich die ausgetretenen Holzstufen zu erklimmen. Doch dafür bekam sie ein Stück Himmel geschenkt. Von der Küche schaute sie in einen Hinterhof, in dem eine alte Eiche stand. Hier trafen sich die Nachbarn zu einem Schwatz im Hof, Kinder spielten und abends trafen sich ein paar Jugendliche zu Bier und Zigaretten. Die Jungen trugen Parka, die Mädchen Pferdeschwänze, mit denen sie kokettierten und dazu die rotgemalten Lippen zu Küssen formten.

Oskar hatte ihr einen Job in der Oper besorgt. Sie war für die Organisation der Proben verantwortlich. Einsatzpläne, Krankmeldungen und Umbesetzungen fielen in ihr Resort und sie arbeitete eng mit ihrem Onkel zusammen. Die Arbeit machte ihr Spaß, und zusammen mit den Zahlungen von Fred kam sie gut über die Runden. Sie besuchte Gerda gern und hatte Kontakt zu einigen ihrer ehemaligen Mitpatienten aus der Klink aufgenommen. Auch Katja sah sie regelmäßig. Die beiden waren gute Freundinnen geworden.

An einem Abend im Juni legte Ella eine Platte von den Beatles auf und *Here Comes The Sun* klang durch die Räume. Ella tanzte durch die Wohnung. Sie fühlte sich leicht und glücklich. Das Wochenende wollte sie mit Katja verbringen. Katja hatte sie zu einem Ausflug in den Taunus eingeladen. Da zerriss die Türklinge den Song und Ella rannte zur Tür. Gerda stand schon oben vor ihrer Tür. Sie wirkte völlig durcheinander und begann atemlos zu sprechen. „Ella, deine Mutter ist im Krankenhaus. Sie hat versucht, sich das Leben zu nehmen".
Gerda raste mit ihrem schwarzen VW Käfer zum Krankenhaus, in das Hannah eingeliefert worden war. Ella war völlig verdutzt in den Wagen gestiegen. Jetzt kam sie langsam zu sich und fragte Gerda, was geschehen sei und wer Hannah gefunden hatte. So viel sie wusste, lebte ihre Mutter allein, seit Peter sie verlassen hatte. Zum Glück hatte der Briefträger, der ein Paket zustellen wollte, bei den Nachbarn geklingelt. Die Nachbarin wusste um Hannahs Trinksucht und holte direkt Hilfe beim Hausmeister. Als dieser die Wohnungstür aufgeschlossen hatte, fanden sie Hannah bewusstlos in der Badewanne liegend vor. Die Wanne war mit Blut gefüllt, und von Hannahs Handgelenken floss ein dünnes rotes

Rinnsal. Man hatte sofort den Krankenwagen gerufen und dann Gerda informiert. Ella fröstelte bei dem Gedanken, gleich ihrer Mutter gegenüberzustehen. Nach so langer Zeit und so plötzlich, ohne Vorbereitung und unter diesen Umständen, erschien es ihr unmöglich, Hannah zu sehen. Doch wie stand es um sie? Was, wenn dies die letzte Möglichkeit wäre?
Gerda und Ella rannten auf das Krankenhaus zu. Am Empfang erhielten sie Auskunft über die Station und die Zimmernummer von Ellas Mutter. Vor ihrem Zimmer verschnauften beide, bevor sie leise klopften. Sie schauten sich in die Augen. Gerda drückte ihrer Nichte kurz die Hand. Dann betraten sie das Zimmer. Das Zimmer war abgedunkelt von den Gardinen am Fenster. Im zweiten Bett lag Hannah. Gerda hielt sich die Hand vor den Mund, um nicht zu schreien. Im Bett lag eine Gestalt mit blasser Haut, die Arme hingen schlaff am Körper und die Augen blickten leer in die Weite. Gerda nahm sanft die Hände von ihrer Schwester und hielt sie in den ihren. „Rehlein, was machst du denn nur?" Hannah machte den Versuch sich aufzusetzen. Doch sie glitt wieder zurück auf ihr Kissen. Sie winkte Gerda zu sich heran. „Gerda, sag denen hier, ich will nicht mehr. Die sollen mir was geben und mich gehen lassen." Gerda schaute Hannah an und antwortete: „Das wäre keine gute Idee, glaube ich. Schau mal, wer hier ist." Gerda drehte sich zu Ella um und gab den Platz am Bett ihrer Mutter frei. Ellas Füße schienen mit dem Boden zusammengewachsen zu sein. Sie schaffte es nicht, den Fuß anzuheben und nach vorne zu setzen. Es schien, als

würden die Füße nicht zu ihr gehören. Sie sah ihre Mutter, die da auf der Matratze lag, leichenblass, als wäre sie gestorben. Sie hatte ihre Mutter seit ihrem Abitur nicht mehr gesehen und seitdem keinen Kontakt mehr gehabt. Auch bei ihrer Hochzeit war sie nicht anwesend gewesen. Ella hatte sie nicht dabeihaben wollen und hatte sie zum Kummer von Gerda auch nicht eingeladen. Dieses Häuflein Elend dort war also ihre Mutter. Da hatte sie nicht viel verpasst.

Ella erschrak selbst über ihre Härte. Mutter machte keine Anzeichen, ihre Tochter zu erkennen. Was hatte sie sich denn vorgestellt? Die große Versöhnung nach all der Zeit? So, wie in Hollywoodfilmen, mit Happy End? Aber sie konnte hier nicht ewig rumstehen und Gerda schaute sie bittend an. Ella musste sich innerlich aus ihrer Starre lösen. Langsam ging sie auf das Bett zu. In die Augen ihrer Mutter trat ein Ausdruck von Leben, als Ella näherkam. Ella beugte sich zu ihr herunter, und nur ganz leise und zögerlich kamen die Worte über ihre Lippen. „Hallo Mutter." Hannah ergriff Ellas Arme, packte mit einer nicht zu erwartenden Kraft zu und ließ sie nicht mehr los. Sie fixierte ihre Tochter mit den Augen wie mit einem Schraubstock und sagte nichts. Ella bekam Angst vor dem Blick ihrer Mutter. Es war ein Blick der Verzweiflung. Ella konnte darin nicht lesen. Gab es Schuld oder Vorwurf darin? Sie wusste es nicht. Doch es war ein unangenehmer Moment.

Ella hielt es nicht länger aus und befreite sich aus der Umklammerung und lief zur Tür. Während sie aus dem Zimmer herauslief, nahm sie den Schrei ihrer Mutter

wahr. Sie rannte noch schneller über die Flure und die Treppen hinunter zum Ausgang des Gebäudes. Im Eingangsbereich stieß sie mit einigen Menschen zusammen. Sich entschuldigend rannte sie weiter in den anliegenden Park des Krankenhauses. Sie lief und lief über die Rasenfläche, bis sie erschöpft zusammenbrach. Sie schlug mit den Fäusten auf die Erde und schrie immer wieder: „Warum? Warum? Warum wolltest du mich schon wieder verlassen und jetzt sogar für immer?"
Ella spürte eine Hand auf ihrer Schulter. Die Berührung fühlte sich gut an und sie entspannte sich. Gleichzeitig hörte sie die Stimme ihrer Tante. Gerda half Ella auf und gemeinsam setzten sie sich auf eine Parkbank. Ella lehnte sich an Gerdas Schulter und weinte. „Wann hört es denn endlich auf?" schluchzte Ella. „Es ist immer der gleiche Schmerz. Wie damals, bei ihr zu Hause. Ihr ging es schlecht und ich musste schauen, wie ich zurechtkam." Gerda öffnete ihre Handtasche und gab Ella einen Brief. „Der ist für dich, von deiner Mutter." Ella öffnete den Umschlag und begann zu lesen.

Meine Tochter,
ich möchte dir sagen, wie lieb ich dich habe. Ich weiß, du hattest es nicht leicht mit mir als Mutter und es tut mir unsagbar leid, so versagt zu haben. Ich möchte mich auch nicht rechtfertigen. Ich war keine gute Mutter. Aber geliebt habe ich dich trotzdem. Das sollst du wissen. Ob du mich verstehen kannst, mag ich kaum zu hoffen. Du bist ein Kind der Liebe. Ich habe Hermann, deinen Vater,

sehr geliebt. Der Krieg hat ihn mir entrissen und damit mein Leben zerstört. Ich fand nicht mehr die Kraft zu leben. Ich konnte nur noch funktionieren und ohne meine Schwester hätte ich es nicht geschafft, für dich da zu sein. Ich verdanke ihr so viel. Deinen Vater wiederzusehen und mit ihm nach Frankreich zu ziehen, ohne dich, war der größte Fehler meines Lebens. Damit habe ich dich um deinen Vater und deine Kindheit betrogen. Ich kann es nicht wieder gutmachen. Ich stehe für immer in deiner Schuld. Ella, das Schicksal hat mir seine Male eingebrannt und ich kann die Wunden nicht heilen. Jeder Tag ist eine Qual. Ich wache auf, mit der Schuld, dein Leben zerstört zu haben, und schlafe mit dem Wunsch ein, nicht mehr aufzuwachen. Bitte verzeihe mir. Ich sehe keine andere Möglichkeit, dem Schmerz zu entkommen. Ich sehne mich so nach Schlaf, wirklich tiefem Schlaf, ohne ein Erwachen. Ich kann mir nicht verzeihen und ich glaube, du kannst es auch nicht. Es wird kein Happy End für uns geben. Gerda war immer für dich da und sie wird dir die Mutter sein, die ich nicht war. Ich liebe dich und es tut mir leid.
Deine Mama

Ella ließ den Brief sinken und Gerda sagte: „Deine Mutter braucht Hilfe.“

DIE HEIMKEHR

Schwere Wolken hingen im Innenraum des Skodas, den Oskar souverän durch die milchig trübe Landschaft der Picardie steuerte. Die kleine Reisegemeinschaft sprach nicht viel, und jeder hing seinen eigenen Gedanken nach. Der Himmel blieb grau, und ein nieselnder Regen bedeckte Hannahs Seele. Das Geräusch der Scheibenwischer hypnotisierte sie, sodass sie ständig in einen kurzen Schlaf fiel, aus dem sie dann ruckartig erwachte. Immer wieder dachte Hannah, in einem Traum festzustecken. Gewiss würden sie im nächsten Moment um eine Kurve fahren und auf die Côte Opale schauen, so, als kämen sie von einem Ausflug zurück. Aber es war kein Traum, und sie musste endlich erwachen. Am Horizont wartete ein neues Leben mit ihrem Kind auf sie. Doch sie konnte die Freude darüber nicht spüren.

Mit steifen Gliedern und übermüdet kamen sie in Frankfurt an, und nach einer kleinen Abendmahlzeit gingen sie alle schlafen. Hannah, zwar körperlich erschöpft, fand nicht in den erlösenden Schlaf. Zu viel war an diesem Morgen geschehen. Sie hatte Hermann in Frankreich zurückgelassen, und das, ohne sich zu verabschieden. Ein schlechtes Gewissen beschlich sie. Sie wollten ein neues Leben beginnen, doch sie war nicht ehrlich zu Hermann gewesen und sie hatte sich davongeschlichen, wie ein schuldbewusster Hund. Was würde er nun tun? Was würde er über sie denken? Hannah konnte es sich nicht vorstellen. Es war so ungeheuerlich. Doch Hermanns Entschluss, nach Argentinien zu gehen, verlangte nach einer klaren Entscheidung. Entweder er oder Ella. Hannah kam es eher wie eine Flucht vor, die schnell vonstattengehen musste. Es blieb keine Zeit, um abzuwägen, um zu reden und zu entscheiden. Diese Chance war vertan und Hannah ergriff die eine Möglichkeit, um ihr Seelenheil zu retten. Sie wusste, dass es nicht mit Hermann zu finden war, ohne Ella an ihrer Seite. Beides zusammen gab es nicht. Das sagte ihr eine Stimme tief in ihrem Inneren. Doch sie vermisste Hermann schon jetzt.

Nach einer unruhigen Nacht saßen Oskar, Gerda und Hannah beim Frühstück. Niemand hatte gut geschlafen. Gerda übernahm das Reden: „Wir müssen überlegen, wie wir nun vorgehen. Was sagen wir Peter und vor allem Ella? Warum bist du so plötzlich wieder aufgetaucht?"
Hannah zuckte mit ihren Schultern. Sie fühlte sich apathisch und gar nicht zuständig für ihre Familie. Sollte doch ihre Schwester das Ruder übernehmen. Darin war sie eh die Bessere. Gerda sprach ihre Schwester an und holte sie aus ihren trüben Gedanken. „Hannah, wie fühlst du dich denn? Bist du schon so weit, Ella zu sehen?"
Hannah schwieg eine Weile. Es fiel ihr nicht leicht, ihre Gefühle zu ordnen und zu benennen. Ihr Kopf schien in Watte gepackt und nicht klar genug, um Entscheidungen treffen zu können. Müsste sie nicht vor Freude und Neugierde platzen, jetzt wo ein Wiedersehen mit ihrer Tochter so unmittelbar bevorstand? Da lauerte auch schon die Angst vor Ablehnung hinter ihrer Sehnsucht. Würde Ella sie noch als ihre Mutter annehmen? So viele

Fragen und niemand konnte sie ihr beantworten oder eine Garantie auf Erfolg ausstellen. Sie musste die volle Verantwortung für ihre Entscheidung, zu ihrem Kind zurückzukehren, tragen. Innerlich wand sie sich vor der Last. Es war ihr alles zu viel. „Hannah, nimm dir noch einen Tag für dich. Wir können Ella morgen von der Schule abholen und einen Ausflug machen, wenn du magst." Wieder war es Gerda, die eine Lösung fand. Hannah zog sich in ihre Welt zurück. Ihre Schwester würde es schon regeln. Langsam fuhr der Skoda ihrer Schwester vor der Schule vor. Hannah saß auf der Rückbank des Wagens. Kinder rannten und tobten auf dem Schulgelände und wieder andere strömten aus dem Hauptgebäude hinaus auf die Straße. Wie ein Film liefen die Bilder an Hannah vorbei.

Da sah sie Ella auf dem Schulhof, die in ihre Richtung schaute. Mit offenem Mund verfolgte ihre Tochter den vorbeirollenden Wagen ihrer Tante. Hannah fühlte sich wie eine Schauspielerin, die an ihren Fans vorüberglitt. Sie ahnte nicht, wie sehr diese Vorstellung dem langgehegten Traum ihrer Tochter ähnelte. Gerda parkte das Auto ein und dann stiegen sie aus dem Wagen. Gerda hakte sich bei ihrer Schwester unter und schleppte Hannah mit sich, die wie versteinert wirkte. Auch Ella bewegte sich nicht und blieb auf der Stelle stehen, als wäre sie am Boden festgenagelt. Gerda übernahm die Begrüßung: „Ella, schau, wer hier ist. Eine Überraschung für uns alle. Deine Mama konnte endlich aus der Kur entlassen werden. Nun ist sie wieder gesund und kann bei dir bleiben." Gerda gab Hannah einen fast unmerkbaren Schubs nach vorne. Steif beugte sich Hannah zu Ella herunter und sprach mit zitternder Stimme: „Hallo, Ella. Ich freue mich, dich wiederzusehen. Wie groß du geworden bist. Und so lange Haare hast du bekommen. Das sieht sehr schön aus." Hannahs Stimme brach und für einen Moment standen sie beide sprachlos voreinander. Wieder einmal rettete Gerda die Situation. „Ich würde vorschlagen, wir gehen zusammen ein großes Eis essen. Was haltet ihr davon?" Ella klatschte begeistert in die Hände und der Bann war gebrochen. Sie liefen alle drei zum Auto und fuhren in die neue italienische Eisdiele am Frankfurter Römer. Ella durfte sich einen Eisbecher aussuchen und ein riesiger Becher, dekoriert mit Früchten, Sahne und einem bunten Schirm, fand den Weg zu ihrem Tisch. Ella begann das Eis in sich hineinzuschaufeln und dies tat sie mit voller Hingabe und Konzentration. Hannah schaute vorsichtig zu ihrem Kind. Ihr Körper hatte sich gestreckt und sich mädchenhaft geformt. Ihre Haare hatten den glänzenden Kupferstich von ihr übernommen und umrahmten ihr klares, reines Gesicht.

Starke Emotionen überkamen Hannah. Hier saß sie mit ihrer schönen Tochter und ihrer Schwester. Wie oft hatte sie sich diesen Moment vorgestellt? Jetzt war er einfach da. Schlicht und doch berührend. Hannah konnte es noch nicht glauben, dass sie nun doch noch angekommen war. Ein Mann ging auf die Jukebox zu, die in einer Ecke der Gelateria stand. Das hatte Ella noch nie gesehen. Man warf ein Geldstück hinein und heraus tönte Musik, wie von einem Plattenspieler. Eine Frau sang ein

Lied vom kleinen Italiener und über eine Insel, die Capri hieß. Gerda wippte mit der Spitze ihres Stöckelschuhs den Takt mit und ihre Mutter lächelte. Die Stimmung war gut unter ihnen und Ella fragte ihre Mutter: „Mama, können wir öfter hierhin kommen?" Hannah sah ihrer Tochter liebevoll an und antwortete: „Ja, mein Schatz, das können wir!" Als sie die Eisdiele verließen, fühlte Hannah eine kleine Hand, die sich in ihre schmiegte.

DAS KARTENHAUS STÜRZT EIN

Nach ihrem Besuch in der Eisdiele waren die drei zu Gerda gefahren. Hannah wollte ihre Sachen packen und Gerda machte einen Kartoffelsalat. Danach würden sie alle gemeinsam zu Peter fahren. Hannah hatte Gerda darum gebeten, sie zu begleiten. Es graute ihr vor dem Gedanken, Peter allein zu begegnen. Ella ging mit ihrer Mutter nach oben in das Gästezimmer und sah Hannah beim Packen zu. Sie war neugierig und fragte Hannah nach dem Land, in dem sie so lange bleiben musste, aus. Wie hieß das Land? Lag es am Meer oder in den Bergen? Was hatte sie denn die ganze Zeit getan? Hannah fühlte sich überfordert von der ganzen Situation. Das Kind forderte Antworten von ihr, die sie sich so schnell nicht überlegen konnte. In ein paar Stunden würde sie Peter wiedersehen und sie wusste nicht, was sie ihm sagen und wie es weitergehen sollte. Sicher, sie hatte das Drama verursacht und müsste auch um Verzeihung bitten. Aber wollte sie es denn auch? War es möglich, nach all den Geschehnissen das Leben von früher aufzunehmen? Hannah glaubte nicht daran.
Etwas fiel zu Boden. Ella hob es auf. Es war eine gerahmte Fotografie, die Hannah hastig in den Koffer werfen wollte, doch die ihr Ziel verfehlte und auf dem Boden gelandet war. Ella schaute sich das Bild an und zeigte es Hannah. „Mama, wer ist der Mann auf dem Bild?“ Es zeigte Hermann, als jungen Mann, bevor er in den Krieg gezogen war. Hannah nahm Ella das Bild aus den Händen und verstaute es wieder in dem Koffer. „Das ist nur

ein alter Freund von mir. So, ich bin fertig hier. Sollen wir zu Tante Gerda in die Küche gehen? Mal schauen, wie weit sie mit dem Kartoffelsalat ist. Den isst du doch gern, oder?" Ella lachte und rief: „Ja, mit heißen Würstchen!", und schon war sie die Treppe heruntergelaufen.
Am Abend standen alle drei vor Peters Haustür. Hannahs Herz schlug bis zu ihrem Hals, Gerda strich sich nervös eine Haarsträhne aus dem Gesicht. Nur Ella schien in einer fröhlichen Stimmung und drückte auf die Türklingel. Ein schriller Ton zerschnitt die Stille und drängte sich auffordernd ins Haus. Alle hielten den Atem an. Dann vernahmen sie langsame Schritte, die sich der Haustür näherten. Die Tür wurde geöffnet und Peter stand mit einer Tasse in der Hand vor ihnen. Sein Gesicht erstarrte, und die Tasse glitt zu Boden. Er musste sich am Türgriff festhalten, da seine Knie nachgaben. Es brauchte ein paar Minuten, bis er sich gefangen hatte und seine Stimme wiederfand.
„Hannah, was in aller Welt machst du hier?" Nun schob sich Ella durch den Türspalt und öffnete sie weit. „Papa, das ist doch die Mama. Die ist jetzt gesund und kann bei uns bleiben. Freust du dich denn nicht?" Hannah spürte, wie sich ihre Augen mit Tränen füllten. Es schien so leicht, die Dinge durch den Blick eines Kindes zu sehen. Könnte es doch auch so sein. Einfach da weitermachen, wo sie aufgehört hatten, und wieder eine Familie werden für Ella und für ihren eigenen Frieden. Hannah ging auf Peter zu, der sie immer noch fassungslos ansah. In seinem Gesicht stand keine Wiedersehensfreude. Er wirkte steif in seinen Bewegungen und distanziert und

ließ sie im Türrahmen stehen, während er alle anderen hereinbat. Er umarmte Ella und trug sie ins Haus. Er setzte sich ins Wohnzimmer und behielt Ella auf seinem Schoß. Gerda und Hannah blieben ratlos im Raum stehen. Das Schweigen war unangenehm und gefährlich, als würde gleich eine Bombe explodieren. Ella fragte nach den Würstchen. Die Situation hatte sich entspannt, und es gab etwas zu tun. Gerda schickte Hannah in die Küche und ging wieder zu Peter. Sie setzte sich zu ihm. „Peter, das ist gewiss viel für dich. Wir haben Hannah in Frankreich gefunden und sie hierhergebracht. Bitte gib ihr und euch Zeit. Sie wird dir alles erklären." Peter stand auf, und Ella lief in die Küche, um ihrer Mutter zu helfen. Peter nahm sich einen Cognac und bot auch Gerda ein Glas an. Gerda stieß mit ihm an. „Peter, ihr hattet beide eine schwere Zeit. Lass es in Ruhe angehen. Sprecht euch aus. Vielleicht gibt es eine neue Chance für euch?"
„Ach wirklich? Hannah war spurlos verschwunden, hat mich mit Ella alleingelassen, ohne mir ein Lebenszeichen zu geben. Ich musste mit der Situation zurechtkommen, und nun spaziert sie hier herein und spielt die liebevolle Mutter. Da soll ich der verständnisvolle Ehemann sein? Nein, Gerda, es ist zu viel geschehen in dieser Zeit. Ich habe Hannah geliebt, doch sie hat mir mein Herz gebrochen. So einfach ist eine Versöhnung nicht, wie du es dir vorstellst." Während des Essens versuchte Gerda, den Gesprächsfaden nicht abreißen zu lassen. Ella spürte die angespannte Atmosphäre und alberte herum. Nachdem Gerda das Haus verlassen hatte und auch Ella im Bett lag, fanden Hannah und Peter den nötigen Raum,

um miteinander sprechen zu können. Hannah hatte von ihrer Geschichte mit Hermann erzählt. Als sie geendet hatte, sprach Peter mit leiser Stimme. „Warum, Hannah, warum hast du mir nichts erzählt von deinem Vorhaben?"

„Ich habe mich nicht getraut. Als ich von Berlin kam, sah ich keine Zukunft mehr mit Hermann. Aber dann merkte ich es zu spät, dass ich auch mit Dir keine Perspektive mehr hatte. Ich hatte mich und meine Identität verloren. Ich wusste nicht mehr, wer ich war, was ich war, und wer meine Familie war. Peter, bitte glaube mir, es war schrecklich für mich." Peter drehte an seinem Cognacschwenker herum. Dann sah er Hannah an, und seine Stimme klang schneidend. „Doch, denn dann bist du plötzlich so einfach weg nach Frankreich. Da hattest du wieder eine Perspektive, oder? Wie schön für dich. Soll ich dir sagen, was du nicht hattest? Du hast nicht den Mut aufgebracht, mir zu sagen, dass du mich nicht mehr liebst, denn dann hättest du die Verantwortung für Ella übernehmen müssen. So hattest du einen Babysitter für deine Tochter, während du für deinen gebrochenen Soldaten die Therapeutin spielen konntest. Ich hätte hier deine Hilfe gebraucht mit Ella, die ich mit Lügen abspeisen musste. Ich habe ihr den Vater vorgespielt, der auf die kranke Mutti wartet. Kannst du dir vorstellen, wie es für mich war, zwischen Sorge und Wut über dein Verschwinden, die heile Welt aufrecht zu erhalten? Manchmal wollte ich alles stehen und liegen lassen. Doch es gab tief in mir die Hoffnung, dass du noch leben würdest. Ja, du lebst, aber ich spüre keine Freude.

Du hast mich benutzt, und jetzt kommst du in mein Leben spaziert. Hannah, was willst du von mir?“
Hannah spürte, wie sich die Mauer der Schuld in ihr aufbaute und die Scham, die darauf lastete. „Es tut mir leid. Ich habe Fehler gemacht. Ich möchte etwas gut machen bei dir und Ella. Ich weiß nicht, ob ich die Chance dazu bekomme.“ Hannah schaute Peter zerknirscht an.
„Hannah, mach, was du willst. Mir ist es egal. Nimm dein Kind und lebe dein Leben. Ich habe kein Vertrauen mehr in dich. Geh doch zu Hermann, stell ihm sein Kind vor. Dann kann er mal zeigen, was er kann. Ich habe so lange allein gelebt. Ich brauche dich nicht mehr.“ Peter stand ruckartig auf, wobei er sein Glas umwarf. Er ging aus dem Zimmer und öffnete die Haustür. Als er die Tür hinter sich zuwarf, meinte er Ella auf der Treppe gesehen zu haben.

„Kannst du dich daran erinnern, Ella, als ich zu euch zurückkam?“, fragte Hannah ihre Tochter. Sie saßen zusammen in der Cafeteria der Tagesklinik in Frankfurt, in der Hannah nach ihrem Entzug vom Alkohol eine Therapie begonnen hatte. Ella dachte an die Ironie des Schicksals. Vor einem Jahr war die Klinik noch ihr Anker gewesen. Von hier aus war sie aufgebrochen und in die See ihres Lebens gestochen. Nun bereitete sich ihre Mutter darauf vor, Altlasten über Bord zu werfen, um in die Abendsonne ihres Lebens zu steuern.

Einige ihrer Altlasten betrafen auch sie selbst. Deshalb hatte Ella dem Vorschlag ihrer Mutter zugestimmt, sich dem Schatten der Vergangenheit zu stellen. Ella spürte, sie würde nicht daran vorbeikommen, dieses letzte Kapitel ihrer Kindheit aufzuschlagen.

Wie war die Frage ihrer Mutter gewesen? Nur schemenhaft konnte sie sich an die Zeit erinnern, als Hannah nach Hause kam. Sie war noch ein Kind gewesen. Doch ein diffuses Gefühl war in ihr zurückgeblieben, nachdem Peter gegangen war. Ihre Mutter kümmerte sich um sie, und es gab schöne Dinge, die sie gemeinsam erlebten. Doch schon wieder fehlte etwas. Schon wieder waren sie nicht die Familie, nach der sie sich sehnte.

Dann fing Hannah mit der Trinkerei an. Zu dieser Zeit war Ella schon älter, etwa 11 Jahre. Zuerst merkte sie kaum etwas davon. Es kam immer häufiger vor, dass Mutters Atem nach etwas Scharfem roch. Irgendwann hatte Ella an den Flaschen, die in der Hausbar standen, gerochen. Es war der gleiche Geruch. Als sie älter wurde und ihre Mutter am Samstagabend ausging, lud Ella ihre Freundinnen ein. Sie tranken aus Eierbechern Cognac, Calvados und Whiskey. Sie schüttelten sich, wenn das scharfe Zeug an ihren Kehlen herunterlief. Sie zogen Hannahs Unterröcke an und tanzten vor dem Spiegel. Manchmal wurde einer von ihnen schlecht und musste sich übergeben.

Mit 14 begann Ella von ihrer Mutter Valium zu stehlen. Hannah ließ sie sich von ihrem Hausarzt gegen ihre nervöse Unruhe verschreiben, die sie immer noch nicht im Griff hatte. Ein Bier und ein Valium 10 brachten Ella auf Wolke Sieben. Sie nahm die Welt wie in Watte gepackt wahr und fiel plötzlich in den Schlaf, wie von einem Holzhammer getroffen. Eines Abends saß Ella mit einer Freundin und ihrer Mutter beim Abendbrot, als sie mit dem Kopf auf den Küchentisch knallte. Sie bekam es kaum mehr mit, wie ihre Mutter sie in ihr Zimmer schleppte. Ella schlief bis zum anderen Morgen durch. Hannah erfuhr von der Freundin, dass Ella Valium nahm. Am nächsten Morgen stellte Hannah ihre Tochter zur Rede.

Ella rieb sich die Augen, und ihr Kopf schmerzte. Ihre Mutter hatte sie unsanft geweckt. „Ella, was hast du dir dabei gedacht?“ Mutters Stimme dröhnte in ihrem Kopf. Ella stand auf und wollte sich wieder hinlegen. Hannah hielt sie an der Hand fest und zog sie zum Tisch zurück. „Aua, lass mich los“, sagte Ella, während sie sich ihr Handgelenk rieb. „Seit wann nimmst du Valium, Ella?“

„Wie kommst du denn darauf?“

„Deine Freundin hat es mir gesagt", antwortete Hannah auf ihre Frage. „Aha, der glaubst du also. Ich habe dein Zeug nicht angerührt, und wie kommst du dazu, meine Freundin auszuhorchen? Außerdem hast du die Tabletten in unser Haus gebracht, nicht ich." Hannah zuckte innerlich vor der Aggressivität ihrer Tochter zusammen. Immer häufiger bemerkte sie diese unterschwellige Wut in Ella. Es hieß, es wäre normal in der Pubertät, wenn die Kinder sich abnabeln würden. Aber musste es so schmerzhaft sein?

Sie hatte doch viel zu wenig Kinderzeit mit Ella verbracht, und sie war sich nie sicher, ob Ella sie liebte oder nur als Mutter akzeptierte. Dieser unausgesprochene Zweifel, die Schuld, keine gute Mutter zu sein, und der tiefe Schmerz der Einsamkeit nagten an ihr und höhlten sie aus. Als Ella noch jünger war, war es ihr gelungen, die Kluft zu überwinden. Die gemeinsamen Ausflüge und Unternehmungen begeisterten Ella und ließen eine kindliche Nähe zu. Doch im Laufe der Zeit entstand eine unsichtbare Wand zwischen ihnen. Ella versteckte sich dahinter, und Hannah fiel es schwer, sie zu erreichen. Ella kritisierte sie und machte sich über sie lustig. Sie gab ihr die Schuld daran, dass Peter gegangen war. Hannah fühlte sich allein mit der ganzen Last und Verantwortung. Sie hatte geglaubt, die Liebe ihres Kindes könnte das Loch in ihrem Herzen füllen. Doch es funktionierte nicht so. Abends fühlte sie sich leer und allein. Da halfen ein paar Gläser Wein, dem Schmerz seine Schärfe zu nehmen. Später wurden daraus ein paar Schnäpse, wenn Ella in

der Schule weilte und die Vormittage sich sinnentleert in die Unendlichkeit erstreckten. Da ließ sie sich auch häufiger gehen und stand nicht auf, wenn Ella aus der Schule kam. Dann stand keine Mutter an der Tür, um ihr Kind zu empfangen, die schwere Schultasche vom Rücken zu nehmen, es liebevoll zu umarmen und es mit der Frage: „Hey, wie war dein Tag?" ins Haus zu führen. Nein, Ella schloss die Tür auf und wurde von einem schweigenden Haus empfangen. Die Rollläden, noch heruntergelassen, hatten den Tag ausgesperrt, um die Besitzerin vor dem harten Licht der Realität zu schützen. Ella verhielt sich still, um ihre Mutter nicht zu wecken. Sie ging dann in ihr Zimmer und las. Gern hätte sie mal ihre Freundinnen eingeladen. Doch sie wollte nicht zum Gespött der Klasse werden, wenn die anderen über ihre Mutter, die noch im Bett lag, herzogen. Später kam ihre Mutter aus dem Schlafzimmer und dann machte sie Essen. Danach durfte sie Fernsehen schauen, solange sie wollte. Das konnte sie in der Schule erzählen und damit angeben. Niemand durfte so viel fernsehen wie sie. So war das Konto wieder ausgeglichen.
Doch in der Pubertät begann sie, ihre Mutter zu verachten. Ihre heimliche Trinkerei und ihr Selbstmitleid erregten Ekel in ihr, und nun wollte sie sich zum Moralapostel erheben. „Weißt du was, Mama? Du bist diejenige, die Hilfe braucht. Kümmere dich lieber um dich und deine Angelegenheiten. Meinst du, du kannst deinen Alkoholgeruch durch dein Mundwasser vertuschen? Außerdem sind die kleinen Flaschen mit deinem Fusel, die du überall im Haushalt versteckst,

nicht unsichtbar. Wach mal auf, Mama! Es ist dekadent, wie du deine Sucht verdrängst und alle belügst. Du hättest auch in deinem Exil bleiben können. Mit deiner Wiederkehr hast du mich nicht beglückt. Vater ist gegangen, was ich verstehen kann, und meine Mutter trinkt. Wunderbar, da habe ich den ersten Preis gemacht. Danke, Mama! Vielen Dank!"

Ella sprang auf, ihr Stuhl kippte nach hinten und sie rannte aus der Küche in ihr Zimmer. Hannah blieb mit dem Krachen des Holzstuhls allein in der Küche zurück. Es hatte keinen Sinn, Ella zu folgen. Hannah presste die Hände vor ihr Gesicht. Doch es kamen keine Tränen. Sie fühlte sich wie versteinert. Die Emotionen waren in Eis eingefroren. Ihr Herz verschlossen. Langsam stand sie auf und ging in ihr Schlafzimmer. Die Jalousien waren heruntergelassen, wie immer, und in ihrem Inneren schien auch kein Licht mehr. Sie hatte als Mutter versagt. Da gab es keine Chance mehr auf Wiedergutmachung. Ella hatte Recht. Sie war ein psychisches Wrack geworden. Krieg und Verlust hatten Narben auf ihrer Seele hinterlassen, und sie konnte sie nicht verstecken. Warum sollte sie sich noch anstrengen? Für wen? Sie hatte geglaubt, mit Ella ihrem Leben wieder Sinn und Freude einhauchen zu können. Ein Irrtum mit Folgen. Ein zweites Mal hatte sie ihr Kind enttäuscht, und nun sah es aus, als könnte sie es nicht kitten. Ella war zu alt. Hannah blieb fröstelnd in ihrem Bett liegen. Irgendwann hörte sie, wie die Tür ging, und dann wurde es wieder still im Haus. Ella war gegangen. Aber auch das brachte Hannah nicht aus ihrer Lethargie.

Ella ging mit ihrer Mutter durch den Klinikpark spazieren. Unter einer alten Kastanie setzten sie sich. Der Baum spannte seine Krone großzügig über die Menschen, die Schutz suchten, sei es vor der Sonne oder den eigenen Verbrennungen der Seele. Hier hatte sie selbst gesessen, als sie in der Klinik ihre Narben vorsichtig berührte und versuchte, dem vernarbten Gewebe seinen tiefliegenden Schmerz zu entlocken. Die Narben seien die Tore zur Seele, hatte sie einmal gehört. Dort, wo sie jetzt mit ihrer Mutter saß, hatte sie vor kurzem Zuflucht, Ruhe und Stille erlebt, die sie brauchte, um den Mut und die Kraft zu finden, in ihren Prozessen weitergehen zu können. Sie nahm die Wurzeln unter sich wahr, die sich weit in der Erde verzweigten. Sie stellte sich diese Wurzeln vor, wie sie sich tief in den Boden krallten und sich wie Zehen im Sand festhielten. Ella schaute hoch in das Blätterdach. Dieser Baum konnte nicht entwurzelt werden. Kein Sturm würde ihm etwas anhaben können. Denn seine Kraft kam aus der Erde, und die war sein Zuhause. Darum ging es doch im Leben. Sicherheit gab es nicht im Außen. Sich sicher fühlen zu können, war das Geheimnis für Stabilität. Um sich sicher fühlen zu können, brauchte es Vertrauen. In sich ruhen, so wie der Baum hier, und darauf vertrauen, dass man gewappnet ist für die Stürme des Lebens, das war die Formel. Durch ihre Therapie waren kleine zarte Wurzeln gewachsen. Ella ahnte, dass sie noch stärker werden mussten. Doch dieses Wachstum brauchte die Herausforderungen des Lebens. Nur wer sich in den Wind stellt, kann den Segen der Veränderung spüren.

Ella war ihrer Mutter schon einige Male nach ihrem Absturz in der Klinik begegnet. Vorsichtig hatten sie sich durch die Nebel des Fremdseins getastet und einige Untiefen ausgelotet, in die sie erst mal nicht tauchen sollten. Es waren Gespräche, bei denen sie darauf achteten, dass das dünne Eis unter ihnen nicht brach. Ella zweifelte manchmal an dem Erfolg dieser Unternehmung. Mal fühlte sie sich als die Therapeutin, dann wieder als Kind mit all den verwirrenden Emotionen von damals. Konnte das eigentlich funktionieren und was versprach sie sich davon? Die Worte ihrer Tante Gerda fielen ihr ein: „Deine Mutter braucht Hilfe." Deshalb hatte sie sich überwunden, den Kontakt zu Hannah aufzunehmen. Bei ihrem ersten Treffen wirkte Hannah sehr nervös und dünnhäutig. Sie sprach nicht viel über sich und wenn, dann nur sehr leise. „Sie freue sich über das Treffen", sagte sie, und dann wollte sie wissen, wie es Ella ging. Ella übernahm die Gesprächsführung. Es war einfacher zu sprechen, als zu schweigen. So erzählte sie von dem Leben, das sie jetzt führte. Ihre Mutter hörte ihr zu und nickte hin und wieder aufmunternd zu ihr hinüber. Es schien Ella, als wäre sie stolz darauf, wie sie ihr Leben meisterte. Über sich selbst sprach Hannah nicht.

Dann, an dem Nachmittag unter dem Dach der Kastanie im Klinikpark, kam eine neue Hannah zum Vorschein. Hannah begann mit fester Stimme ein Gespräch mit Ella unter dem Schutz des Baumes. „Ella, dass wir hier zusammensitzen, bedeutet mir viel, und ich möchte dir etwas sagen, was mir wichtig ist. Ich will mich nicht mehr in meinem Schmerz verkriechen und im Selbstmitleid versinken. Was ich getan habe, war egoistisch. Es ist meine Entscheidung gewesen, dich mit Peter allein zu lassen, und ich will es auch nicht mit Erklärungsversuchen abschwächen. Ich stehe dazu, und ich möchte dir sagen, es tut mir leid. Ich kann es nicht mehr gut machen. Aber ich kann die Verantwortung dafür übernehmen und es so stehen lassen, wie es ist. Mit all dem Schmerz und der Heftigkeit, die es für dich hatte. Ich erkenne deinen Schmerz an und achte deinen Weg. Als du damals zu Gerda gingst und ich mit den Trümmern meines Lebens allein blieb, habe ich mich mit Gewissensbissen und Schuldgefühlen herumgeschlagen, bis ich völlig wund und aufgerieben war. Damit gab ich mir die Legitimation, meinen Kummer zu betäuben, was ich dann mit dem Alkohol tat. So blieb ich in meiner Opferrolle hängen. Dieser Rolle möchte ich entwachsen. Verstehst du, was ich meine?“

Hannah schaute ihre Tochter lange an, und eine Stille, die noch nicht preisgeben wollte, was sie enthielt, breitete sich zwischen den beiden Frauen aus. „Mama, soll ich dir ehrlich sagen, was ich gerade denke?“ Hannah nickte. „In mir steigt gerade Wut auf. Es geht wieder um dich. Du bauschst die Vergangenheit auf, um jetzt heroisch die Verantwortung zu übernehmen. Du hast Mist gebaut und hast deinen Job als Mutter nicht gemacht. So, das ist die Wahrheit. Ich musste sehen, wie ich klarkam. Mein Kindertrauma-Mäntelchen konnte ich schon lüften und zum Teil ablegen. Aber willst du wissen, wie mein Erwachsenwerden verlaufen ist? Es hieß immer, bei

Gerda und Oskar ging es mir gut. Ja, das war eine Seite, und auf die beiden lasse ich nichts kommen. Aber es gab da eine Ella, die sie nicht kannten, und die war ziemlich kaputt. Da hätte ich dich gebraucht. Jemanden, der mir Halt hätte geben können und der mir etwas Positives vermittelt hätte. Was hatte ich? Einen totgeschwiegenen Vater und eine hilflose Mutter. Ein wahres Traumpaar.

„Da habe ich mir meine eigene Familie ausgesucht. Gerda und Oskar waren eine Familie für mich. Sie waren die Guten in meinem kleinen, jungen Leben. Oskar gab mir Bücher zum Lesen: Brecht, Frisch, Mann und Hesse, der mir auf besondere Art und Weise half, den Glauben an etwas Größeres im Leben aufrechtzuerhalten. Da waren zwei Menschen, die so viel Kraft aus der Kultur und ihrer Schönheit und Wahrheit zu ziehen vermochten. Das beeindruckte mich. Oskar meinte immer, Kultur sei nicht nur Kunst. Kultur sei das Kleid, das dem Menschen seine Erscheinung schenke, seine Werte, sein Rückgrat und sein Handeln. Oskar war für mich der Vater, den ich mir gewünscht hatte. Gradlinig, weltgewandt und integer. Ein Fels in der Brandung, der nicht wackelte und seinen Kurs nie verlor. Anders als ich. Da gab es zwei Seiten in mir. Die eine glaubte an das Gute, die Schönheit des Lebens und die Möglichkeit, glücklich sein zu können. Aber es gab auch die Schattenseite, die nur die Zerstörung kannte. Tief in meinem Inneren fühlte ich eine Wut, die nicht herauskonnte. Damals fand ich keinen anderen Weg, als diesen Druck an mir selbst auszulassen, indem ich mich selbst verletzte, in meiner Würde. Heute

weiß ich, dass es die Wut meiner Kindheit war, die sich einen Weg suchte. Ich konnte dir als Kind nicht sagen, dass ich wütend auf dich bin, weil du dich nicht um mich gekümmert hast. Wie sollte ich es später einer Mutter sagen, die so schwach und mit sich selbst beschäftigt war, dass ich Angst hatte, sie würde zusammenbrechen? Du hast dich in dein Bett verkrochen, und ich blieb wieder mit meiner Wut allein, und ich machte meine eigene toxische Mixtur daraus. Soll ich sie dir erzählen, Mama?"
Ella wartete die Reaktion ihrer Mutter gar nicht ab. Eine Bombe, so fühlte sich ihr Innerstes an, die darauf wartete, entschärft zu werden.
„Es begann mit einer Party, die Oskar und Gerda in ihrem Haus gaben. Ich hatte Oskar versprochen, den Gästen einen kleinen musikalischen Happen auf dem Klavier anzubieten. Meine Künste auf diesem Instrument waren noch nicht konzertreif, aber ließen sich schon hören. Meinte zumindest Oskar. Na ja, ich hatte eigentlich keine Lust auf dem Präsentierteller zu sitzen. Aber ich mochte ihm seine Bitte nicht abschlagen. Nach dem Spiel applaudierten die Leute viel zu laut und es war mir peinlich. Vermutlich wollten sie ihrem Gastgeber eine Freude machen. Oskar stellte mich danach auch jedem wichtigen Gast vor. Er glühte vor Eifer oder der Champagner war ihm zu Kopf gestiegen. Ich zog mich für eine Weile in mein Zimmer zurück. Dann zog ich mich um. Den schwarzen klassischen Hosenanzug tauschte ich mit einer Levis und einer roten Rüschenbluse, die man über dem Hosenbund verknoten konnte, sodass ein Stück vom Bauchnabel zu sehen war. In meine Haare

band ich mir ein rotes Tuch mit weißen Tupfen. Damit sah ich aus wie ein junger Rock'n Roll Teenager aus den Staaten. Als ich meinen Mund kirschrot anmalte, kamen mir kurz Zweifel an meinem Aussehen. War das nicht zu vulgär? Ich hörte lautes Lachen aus dem Wohnzimmer. Anscheinend ließ der Alkohol die Stimmung steigen. Also betrat ich meine auserwählte Bühne.
Ein junger Mann reichte mir ein Glas Champagner und bat um einen Tanz. Ich sah Oskar an seinem Plattenspieler werkeln und er schaute mich an, lachte und warf mir einen Luftkuss zu. Ich deutete es als Zustimmung, und als dann Chuck Berry's *Johnny be good* erklang, hielt mich nichts mehr auf meinem Platz. Ich tanzte allein in der Mitte des Wohnzimmers und ich spürte die Blicke der Männer auf mir. Dies war ein dermaßen intensives Gefühl, das sich wie ein kleiner Stromschlag in meinem Körper anfühlte. Ich spürte die Macht, die mein junger Frauenkörper, der gerade dabei war zu erblühen, hatte. Aus meinen Augenwinkeln nahm ich die Blicke der Männer wahr, die plötzlich ein Ziel ausgemacht hatten, und die abwertenden Gesichter der Frauen, sprachen für sich. Ich nahm die Spannung zwischen den Paaren wahr, denen nichts entging. Leichtes, nettes Geplänkel, hinter dem sich eine gefährliche Zone verbarg. Ich entdeckte das Gefühl, ein Objekt der Begierde zu sein, und wenn auch nur für ein paar Minuten. Dieser Moment gehörte mir und ich konnte damit spielen, wie ein kleiner Welpe mit den Schuhen seines Herrchens. Niemand würde diesem 16 Jahre alten Mädchen etwas Böses unterstellen. Mädchen

waren doch schon immer den Jungen voraus in ihrer Entwicklung und süß in ihrer verführerischen Unschuld. Das glaubte ich zumindest. Irgendwann hatte ich einen Schwips und Gerda brachte mich in mein Bett. Ich hatte auch genug von der Party. Die Erwachsenen wurden mit dem steigendem Alkoholkonsum immer seltsamer und der erotische Reiz wurde Opfer einer vulgären Enthemmung und gab sich der Dekadenz hin.

Ich musste schon eingeschlafen sein, aber das schwere Atmen neben meinem Bett hatte mich geweckt. Dann fühlte ich eine Hand auf meinem Bein, die immer höher zu meinen Schenkeln glitt. Ich blieb still liegen, öffnete meine Augen nicht und traute mich kaum zu atmen. Ich hatte keine Angst, aber angenehm war es auch nicht. Hitze wallte in mein Gesicht, während ich dem Atem der Person lauschte. Ich wusste, dies war kein väterliches, freundliches Streicheln. Es hatte etwas Forderndes, etwas Gefährliches und Unaussprechliches. Daher sagte ich auch nichts. Die Hand suchte weiter, fand eine Stelle tiefer zwischen meinen Beinen und drückte gegen meinen Schlüpfer. Ich hielt meinen Atem an und packte plötzlich zu, wie eine Schlange, die hervorschießt, um ihr Opfer zu beißen oder um sich zu schützen? Ich hielt die Hand umschlossen, riss meine Augen auf und sah im Lichtschein der geöffneten Tür, einen älteren Mann, der auf der Bettkante saß. Er sprang erschrocken auf und riss sich aus meiner Umklammerung. Ich schrie ihn an: Wenn du wegrennst, schreie ich so laut ich kann. Der Mann, der mir vor ein paar Stunden von Oskar vorgestellt worden war, hielt seinen Zeigefinger vor seinen

Mund und deutete damit an, ich solle schweigen. Ich weiß nicht mehr, woher ich den Mut nahm, aber ich erpresste den Mann. Ich forderte fünfzig Mark von ihm, dann würde ich es meinem Onkel nicht erzählen, was sich gerade abgespielt hatte. Er fingerte sein Portemonnaie aus seiner Hosentasche und legte den Schein auf meinen Nachtisch und verließ leise das Zimmer. Ich schaute wie in Trance auf das Geld und konnte nicht glauben, was ich da getan hatte. Ich, ein junges Mädchen, hatte einem Mann, der mich ohne weiteres vergewaltigen hätte können, die Stirn geboten und auch noch Geld von ihm bekommen. So langsam wurde mir klar, wie unglaublich es war. Wie betäubt stand ich auf, legte den Schein in eine Schublade und schlich aus dem Zimmer, um mich gegenüber im Bad einzuschließen.
Ich wusch mein Gesicht mit kaltem Wasser und schaute mein Gesicht im Spiegel an. War es richtig gewesen? Sicher nicht. Hätte ich nicht meine Tante rufen sollen, der Mann wäre verschwunden und Gerda hätte mit Sicherheit gewusst, was zu tun war. Was für ein Mensch bin ich? Habe ich kein Rückgrat? Bin ich schlecht? Tausend Gedanken rannten durch meinen Kopf. Darf ein älterer Mann ein junges Mädchen im Schlaf streicheln? Was hatte er gemacht, als ich noch schlief? Was hätte er getan, wenn ich ihn nicht gestoppt hätte? Das war doch Notwehr. Aber Geld zu nehmen, ist Erpressung. Damit hatte ich mir die Möglichkeit genommen, Oskar und Gerda von dem Vorfall zu erzählen."
Nur der Gedanke daran trieb Ella noch immer die Schamröte ins Gesicht. Aber sie sprach mutig weiter.

„Mein Auftreten davor, meine Klamotten und mein wildes Tanzen. Hatte ich es provoziert, was danach geschah? Ich schlich wieder in mein Bett. Aber an Schlaf war nicht mehr zu denken. Ein Gedanke tauchte in mir auf, der mir den Atem nahm. Das Gefühl, das ich in dem Moment gehabt hatte, als ich das Geld forderte, glich dem Gefühl der Macht, als alle Männerblicke auf mir ruhten, und es war ein starkes Gefühl, das mich auch jetzt noch erregen kann.
„Ja, Mutter, in dieser Nacht begann etwas, was ich erst heute langsam beginne zu verstehen…"
Ella drehte nachdenklich an einer Haarlocke und schwieg. Hannah rückte näher an ihre Tochter heran. „Danke, dass du mir es erzählt hast. Es berührt mich sehr und macht mich auch traurig, nicht für dich da gewesen zu sein in dieser Zeit. Hattest du jemanden, dem du dich hättest anvertrauen können?" Ella schüttelte ihren Kopf und antwortete „Nein, hatte ich nicht. Wem sollte ich es erzählen? Meinen Freundinnen, den Lehrern oder Oskar und Gerda? Niemand hätte mir geglaubt. Es war zu peinlich. Aber noch etwas anderes hielt mich zurück. Ich hatte eine Geschichte und das war mein Geheimnis. Wer war ich schon? Ein Mädchen ohne Eltern, die sich kümmerten. Eine Jugendliche, die völlig hilflos aus einem unsicheren Hafen ins offene Meer trieb. Klar waren Oskar und Gerda für mich da, und sie wollte ich nicht enttäuschen. Doch ich konnte ihnen nicht alles erzählen, was in mir vorging. Meine inneren Dämonen besetzten mich mit mächtigen Gedanken und dann wusste ich nicht mehr, wer da sprach. Waren es meine Gedanken, meine

Worte oder die meiner Besatzer? Ich glaubte nicht, dass mich jemand verstehen würde. Mal dachte ich so schlecht über mich, dass ich diese Welt verlassen wollte. Ich war nichts wert, auch nicht liebenswert und hatte deshalb keine Familie." Ella machte eine kleine Pause. Das Erzählen fiel ihr nicht leicht, aber es musste sein. Wenn jetzt nicht die Zeit war, dann wann? Sie wollte die Fehler ihrer Mutter nicht wiederholen und dem Unangenehmen aus dem Weg gehen.

„Heute kann ich sehen, wie ich mich mit dem Leiden identifiziert hatte. Ich sah nur das Schlechte und mein Leid. So konnte ich keine glückliche Zukunft sehen. Die andere Strategie war jedoch auch nicht erfolgreich. Ich sah mich als die Femme Fatale, die sich die Männer nimmt und an der Leine führt. Ich berauschte mich an dem Duft, etwas Besonderes zu sein. Eine Frau, für die alle Konventionen nicht galten. Die sich darüber hinweg setzt, was sich gehört und was nicht. Die sich traut, den Männern das zu geben, was diese sich nie erlauben würden, es sich von ihren Frauen zu wünschen. Dies gab mir ein Gefühl von Macht. Ich war die Frau, die „Mann" vergöttern durfte, aber heimkehren sollte er zu seiner reinen Ehefrau, die ihn liebevoll mit Hausschuhen und einem leckeren Essen empfang. So ein Leben fand ich langweilig und nicht erstrebenswert. Also nahm ich mir die Männer, die ich wollte und spuckte sie aus, wenn sie begannen fad zu schmecken. Ich spürte die Macht, die ich über die Männer hatte. Aus dem Kind, das sich hilflos und ausgeliefert fühlte, war eine Spinnenfrau geworden, die die Opfer in ihr Netz lockte und sie dann auffraß. Aus meiner heißen Wut der Kindheit, die keinen Adressat fand, war eine kalte Wut geworden. Gefährlich, zerstörerisch und verachtend, und letztendlich gegen mich selbst gerichtet. Die Geschichte hatte ich tief in mir verschlossen und auch nicht während meiner Therapie ausgepackt. Es war mir zu peinlich. So Mutter, jetzt weißt du, was du für eine Tochter hast." Ella blickte ihrer Mutter in die Augen, sie wollte sehen, wie sie auf ihre Geschichte reagierte. Ihrer Mutter lief eine Träne über die Wange. Ella gab sich die Erlaubnis weiter zu sprechen: „Als Fred in mein Leben trat, veränderte sich erst mal alles. Fred gab mir ein Gefühl von Sicherheit und Geborgenheit. Das Kind in mir konnte sich in seiner Gegenwart entspannen. Das Kind, das sich rächen wollte und mich als Erwachsene tyrannisierte, schien gezähmt. Ich erhielt Liebe und Aufmerksamkeit und damit gab es keinen Grund zur Rebellion. Doch ich weiß, dass mein Verhalten damals seinen Grund hatte. Meine Verachtung über mich selbst suchte einen Weg nach draußen, damit ich nicht daran erstickte. Ja, Mutter ich habe auch dich lange verachtet. Ich habe nur eine schwache, sich selbst bemitleidende Frau gesehen, die keine Verantwortung für ihr Leben und ihr Kind übernehmen wollte. Mit Fred dachte ich ein neues Kapitel in meinem Leben schreiben zu können. Aber die unerlösten Schatten meiner Kindheit ließen mich nicht los. Trotzdem habe ich mich meinen Schatten gestellt und die Räume für das Licht in meinem Leben geschaffen. Jetzt bist du dran Mutter, und ich kann dir nicht dabei helfen. Den Weg musst du allein gehen. Das musste ich auch."

DER KREIS SCHLIESST SICH

Ella saß am Schreibtisch ihrer Mutter, der unter einer kleinen Gaube genau in die Fensternische hineingepasst hatte. Dieser Tisch war ein Erbstück ihrer Oma an ihre Tochter. Ella erinnerte sich daran, wie sie an dem Tisch malen durfte, wenn sie bei ihrer Oma war.
Nach ihrem Entzug und der anschließenden Therapie war Hannah zu ihrer Schwester gezogen, da sie nicht zurück in die alte Wohnung, die sie mit Peter geteilt hatte, wollte. Gerda ließ das Dachgeschoss ausbauen. Eine kleine Wohnung mit einem Wohnzimmer, einer Küche und einem Schlafzimmer lud zu einem gemütlichen Aufenthalt ein. Hannah nannte es ihren Adlerhorst. Von der Gaube im Schlafraum hatte man einen schönen Ausblick auf den Park. Ella strich über die Mahagonitischplatte. Jemand hatte das edle Holz poliert, und es schmeichelte sich in Ellas Handteller. Sie hörte, wie ihre Mutter nebenan hustete. Hannah war an einer Leberzirrhose erkrankt und wurde von Tag zu Tag schwächer. Der Arzt hatte gesagt, es würde ihr nicht mehr viel Zeit bleiben. Daher war Ella zurück in das Haus ihrer Jugendzeit bei Tante Gerda gekommen, um sich um ihre Mutter zu kümmern. Ella musste an ihre Oma und an ihre Mutter denken. Ihre Oma kannte sie nur als starke Frau, die die Familie ernährte. Als junges Mädchen musste ihre Mutter viel im Haushalt mitarbeiten, das hatte sie ihr einmal erzählt. Hannahs Schwester Gerda nahm schon Gesangsstunden und verbrachte viel Zeit mit dem Üben, sodass viel Arbeit an

Hannah hängen blieb. Eine musste es ja machen und Dorothea hatte keine Zeit dafür. Also morgens Schule, nachmittags Kochen, Abwasch, Schulaufgaben, erst dann durfte sie raus zum Spielen. Samstag stand die Wäsche an und die Böden mussten geschrubbt werden. Hannah las gern Bücher. Doch dafür hatte sie nur abends im Bett Zeit und oft war sie dann zu müde dafür. Ella kannte ihre Oma nur als resolute und dominante Person. Sie hatte das Zepter in der Hand. In ihrer Gegenwart hatte Ella sich kaum getraut zu atmen, als sie ein kleines Mädchen war. Wie musste es da ihrer Mutter ergangen sein? Gab es denn auch Zeit zum Kindsein, zum Träumen und für all die magischen Fantasiewelten, in denen Kinder so gern verweilen?

Dann kam der Krieg, der all die Träume ihrer Mutter zunichtemachte. Ella nahm das Buch, das vor ihr auf dem Tisch lag, in die Hand und streichelte über das Cover. Darauf war schemenhaft ein Frauengesicht unter einer Eisschicht zu erkennen. „Auf dünnem Eis" hieß der Titel von Hannah Gaußmann. Hier oben in der kleinen Mansarde hatte ihre Mutter ihre Lebensgeschichte aufgeschrieben, und Gerda hatte einen Verleger dafür gefunden. Viele Frauen kauften das Buch, und Hannah erhielt eine Menge an Dankbriefen von Leserinnen, die sich in Hannahs Schicksal wiederfanden und in dem Buch eine Stimme bekamen für all die durchweinten Nächte, in denen sie ihre Männer vermisst hatten, die Stunden in den Schutzbunkern, die sie mit den alten Eltern um ihr Leben bangten oder ihren Kindern Mut zusprachen, den sie selbst schon verloren hatten. Die harten Jahre des

Aufbaus aus den Trümmern, die tägliche Sorge um die Lebensmittel und nicht zuletzt das auszehrende Warten auf den Mann, der oft nicht mehr zurückkam. Dies alles beschrieb Hannah mit ihren einfachen Worten und auch die Darstellung ihres Zusammenbruchs ersparte sie sich nicht. Ihr Buch war erschreckend ehrlich und brach ein Tabu des Schweigens, das sich die Generation der Verlierer und Täter auferlegt hatte. Wie viel einfacher war es doch, seine Schuldgefühle in Riesling zu ersäufen und das flaue Gefühl der Scham mit Schwarzwälder Kirschtorte zu betäuben. Hannahs Geschichte hatte kein Happy End.

Sie fand ihren Mann zwar wieder, aber nicht in ein gemeinsames Leben mit ihm hinein. Sie scheiterte an der Herausforderung, für ihr Kind weiterzuleben, und das war für viele Mütter unverständlich und unverzeihbar. Es konnte einem selbst noch so dreckig gehen, doch für sein Kind musste man alles geben. In einer Passage des Buches stand: „Ich glaubte selbst nicht mehr daran, ein Recht auf mein Kind zu haben. Eine Mutter, die ihr Kind verlässt, ist eine Rabenmutter."

Beim Lesen dieser Zeile hatte Ella geweint. Sie hatte ihre Mutter auch lange gehasst und verachtet. Doch nach dem Buch konnte sie verstehen, dass die Verletzungen des Lebens so schwer sein können, dass es fast unmöglich erscheint, ein normales Leben zu führen. Entweder betäubt man seinen Schmerz und verliert die Kontrolle über sich, oder man verdrängt alles, funktioniert und unterdrückt den Schmerz, was sehr viel Kraftaufwand bedeutet. Beides ist eine

Wesensfrage. Hannah entschied sich für das Betäuben. In ihrer Therapie musste sie sich dem Schmerz stellen, und das Buch half ihr, ihn zu verarbeiten. Man konnte fast sagen, sie blühte auf und wuchs über sich hinaus. Sie war für den Verlag auf Lesereisen gegangen und hatte viele interessante Menschen getroffen. Gerda begleitete sie, wenn sie konnte. Einmal sagte Hannah zu ihrer Schwester: „Weißt du noch unser Varieté in Frankfurt? Da hat mir das Tanzen geholfen durchzuhalten, und jetzt hat mir das Schreiben ein zweites Leben geschenkt. Ohne dich und Ella hätte ich es nicht geschafft."

Ja, Hannah hatte es geschafft, und Ella war froh darüber gewesen. Hannah stand auf ihren eigenen Füßen, und Ella fühlte sich befreit. Sie konnte ihre Mutter nun viel besser verstehen.

Durch das Buch hatte Ella die Brüche im Leben ihrer Mutter nachempfinden können und sie hatte verstanden, warum ihre Mutter damals so gehandelt hatte. Aus ihrer inneren Not und Zerrissenheit war sie nicht in der Lage gewesen, ihrem Kind ein stabiles Zuhause zu geben. Ella wusste aber auch, dass die tiefe Verbindung, die zwischen Mutter und Kind in den ersten Jahren wächst, nicht nachwachsen konnte. Da blieb ein Loch in ihr, das niemand füllen konnte, außer sie selbst. Und noch etwas kam Ella in den Sinn. Ihre Mutter und sie selbst hatten sich auf den schmalen Grat der Wahrheit begeben. Sie beide liefen über das dünne Eis ihres Lebens. Es drohte immer wieder zu brechen. Das Knacken der Eisschicht wurde im Laufe ihres Lebens immer lauter, und sie wussten: Es gab keinen Weg zurück. Nur die

Konfrontation mit der Wahrheit konnte wieder den Boden unter ihren Füßen schaffen. Die Türschelle schreckte sie aus ihren Gedanken. Sie lief die Holztreppe hinunter. Hannah war vor einer Stunde nach einer Morphiumgabe in einen erlösenden Schlaf gefallen, und Ella wollte ein zweites Klingeln verhindern. An der Haustür angekommen, öffnete sie vorsichtig die schwere Eichentür. Ein fremder Mann stand vor der Tür. Er nahm seinen Hut ab und stellte sich vor. „Guten Abend. Mein Name ist Hermann Gaußmann. Ich möchte zu Hannah Gaußmann."

EIN WIEDERSEHEN UND EIN ABSCHIED

Es war kühl geworden an diesem Septemberabend. Oskar hatte den Kamin im Wohnzimmer angefeuert. Das Feuer leckte fordernd an den Scheiten und fraß sich schon an einigen Stellen ins Holz. Die Flammen warfen hellrotes Licht auf die Holztäfelung der Eichenwände und verliehen dem Raum eine sakrale Atmosphäre. Oskar hatte sich mit einem Brandy in die Nähe des Feuers gesetzt. Er fröstelte, doch der Hochprozentige füllte ihn mit Wärme und seine Augen mit Tränen. Hannah war an die Schwelle des Todes getreten, und er sah ihr Leben vorbei rinnen. Er sah die beiden Schwestern, noch unbeschwert in ihrer Jugend, doch schon von der dunklen Wolke des Krieges bedroht. Wie sie es versucht hatten, dem Schicksal zu trotzen. Dann sah er, wie Hannah daran zerbrach. Er und Gerda hatten Ella großgezogen, und es war eine Freude für sie gewesen, wenn es auch nicht einfach war. Es hatte viele Schiffsbrüche und Havarien gegeben. Doch Hannah hatte wieder Land unter ihren Füßen gefunden. Und jetzt, an ihrem Ende, war Hermann gekommen, um sich zu verabschieden.

Er hörte Gerda, die mit gedämpfter Stimme nach ihm rief. Er stand langsam aus dem Sessel auf. Eine Arthrose machte ihm das Leben schwer. Als er die ausgetretene, breite Holztreppe nach oben stieg und nach Luft rang, hatte er das Gefühl, der Nächste zu sein, der von dieser Bühne abtreten würde. Oben angekommen, blieb er vor dem Schlafzimmer stehen, dessen Tür halb offenstand. Er sah hinein. Ein warmes Licht fiel auf das Bett, in dem

Hannah lag. Hermann saß an einer Seite und hielt ihre Hand. Ella saß neben ihrem Vater, sodass Hannah beide ansehen konnte, ohne ihren Kopf bewegen zu müssen. Manchmal öffnete Hannah ihre Augen und schaute zu den beiden. Ihre Finger bewegten sich dabei, als wollte sie ihre Liebsten berühren. Hermann drückte sanft ihre Hand. Oskar stellte sich neben Gerda, die auf der anderen Seite des Bettes saß, und umarmte sie. Er musste sich abwenden, da ihm die Tränen über die Wangen liefen. Hannah wurde unruhig und versuchte, ihren Mund zu öffnen. Hermann, der ihre Unruhe spürte, löste sich vorsichtig aus dem Kontakt und griff hinter sich, wo er seine Geige platziert hatte. Ella legte sich neben ihre Mutter, und Hermann begann leise zu spielen. Bei den ersten zarten Klängen entspannte sich Hannahs Körper. Ihr Gesicht bekam einen friedlichen Ausdruck. Ihre Seele schien zwischen den Welten zu schweben und folgte ihrer eigenen Melodie.

Als Hermann sein Spiel beendete, wirkte Hannah wie aus der Welt geglitten. Gerda fühlte ihren Puls und nickte in die Runde. Hermann trat an das Bett, beugte sich zu Hannah herunter, und küsste zärtlich und sanft ihre Lippen. Dann verließ er den Raum. Ella lag still neben ihrer Mutter und traute sich nicht, sich zu bewegen. Gerda berührte Ella vorsichtig am Arm, doch sie reagierte nicht darauf. Sie wollte ihre Mutter nicht allein lassen. Bewegte sich da sanft ihre Brust? Formten die Lippen noch stille Töne? Ella legte eine Hand auf die Hand ihrer Mutter. Sie war noch warm. Bald würde sie kalt werden, dann sollte ihre Mutter nicht frieren.

Sie musste eingeschlafen sein. Sie setzte sich im Bett auf und erschrak. Jemand saß auf einem Stuhl. Sie erkannte ihren Vater, der wohl auch eingeschlafen war. Vorsichtig bewegte sie sich aus dem Bett heraus. Sie schaute auf ihre Mutter und erst jetzt bemerkte sie die Veränderung im Raum. Ihre Augen waren geschlossen, und ihre Hände über der Brust gefaltet worden. Hannah war nicht gläubig gewesen, doch diese Geste wirkte friedlich und tröstend. Im Zimmer brannten Kerzen, und in einigen Vasen erhellten weiße Callas, Hannahs Lieblingsblumen, den Raum mit ihrem reinen Licht, das eine Stille ins Herz zauberte und den Schmerz in Liebe verwandelte. Ella ging langsam auf ihren Vater zu und berührte ihn sanft an der Schulter, doch er reagierte nicht. Vermutlich hatten ihn all die intensiven Ereignisse erschöpft. So ging es auch ihr. Während ihre Mutter im Sterben lag, hatte tatsächlich plötzlich ihr Vater vor der Tür gestanden. Ella dachte an den Moment des Wiedersehens. Als sie seinen Namen hörte, war sie kreidebleich geworden, ihre Hände hatten zu zittern begonnen, und sie glaubte, ohnmächtig werden zu müssen. Ihr Vater hielt verlegen seinen Hut in den Händen. Auch er schien bewegt. Als er zu sprechen begann, musste er erst mal schlucken.
„Entschuldigen Sie, dass ich hier unangemeldet auftauche. Ich bin ein alter Freund von Hannah und möchte sie besuchen." Ella fand ihre Sprache wieder. „Ich glaube, ich weiß, wer Sie sind. Ich bin Ella! Bitte kommen Sie herein."
„Dann sind Sie Hannahs Tochter?" Er konnte nicht weitersprechen und verstummte. Auf Ellas Aufforderung

betrat er das Haus und blieb unsicher in der Eingangshalle stehen. „Ich hole meine Tante, bitte warten Sie einen Moment", da war Ella schon die Treppe hinaufgelaufen. Ihr Herz klopfte wie wild, und atemlos kam sie oben an. Sie musste sich erst mal beruhigen. So konnte sie das Zimmer ihrer Mutter nicht betreten.
Eine Weile später öffnete sie leise die Tür. Ihre Tante strich mit einem feuchten Tuch über Hannahs Gesicht und auch über ihre Hände. Hannah mochte die Berührung, und es erfrischte sie. Ella flüsterte Gerda etwas ins Ohr. Gerda zuckte zusammen und brachte die Waschung zu Ende, um Hannah nicht zu erschrecken. Sie deckte ihre Schwester liebevoll zu und verließ mit Ella den Raum.
Als Gerda in die Halle kam und dort Hermann sah, schrie sie auf und bedeckte sofort danach ihren Mund. Sie befürchtete, Hannah zu wecken. Langsam ging sie auf Hermann zu. Als sie kurz vor ihm stehen blieb, verharrte sie für einen Moment, dann breitete sie ihre Arme aus und drückte Hermann an sich. Auch Hermann umarmte Gerda, und für eine kurze Zeit war es still. Ella schaute auf die beiden Menschen, die in ihrem Leben eine große Bedeutung hatten. Die eine Person war Gerda, die für sie wie eine Mutter war, und die andere Person war gerade erst in ihr Leben getreten, obwohl sie, zwar in der Vergangenheit abwesend, schon immer eine Rolle gespielt hatte. Gerda löste sich aus der Umarmung, die ihr nun doch zu eng wurde, und sah Hermann an.
„Hermann, ich kann es nicht glauben, dich hier zu sehen. All die Jahre kein Lebenszeichen von dir, und dann

schneist du hier plötzlich herein. Ich bin völlig überwältigt." Dann hakte sie sich bei Hermann ein, schnappte sich Ella, und zog sie mit sich in den Salon. „Nun setzt euch mal, und ich mache einen Tee." Hermann fiel in einen Ohrensessel, und Ella setzte sich auf die Couch gegenüber. So saßen sie sich schweigend gegenüber, und Ella wusste nicht, wo sie hinschauen sollte. Sie fürchtete sich davor, dass Hermann nach ihrer Mutter fragen würde. Daher stellte sie ihm lieber eine Frage.
„Wie haben Sie uns gefunden?" Sie wusste nicht, wie sie ihn anreden sollte. Ihn einfach beim Namen zu nennen und zu duzen, kam ihr nicht über die Lippen. Doch dann half Hermann ihr. „Ella, ich möchte dich nicht überrollen, doch ich würde mich freuen, wenn wir uns duzen könnten. Es könnte uns helfen, die Unsicherheit zwischen uns beiden zu erleichtern. Aber nur, wenn du magst."
Er schaute sie mit seinem offenen Blick fragend an. Ella fühlte einen Kloß in ihrem Hals, und als sie nicht antwortete, sprach Hermann weiter. „Ich habe bei einem kleinen Auftritt in Freiburg das Buch von deiner Mutter in einer Buchhandlung entdeckt. Durch das Buch, Ella, habe ich von deiner Existenz erfahren. Es war ein Schock für mich und nicht die beste Art, Vater zu werden. Zu wissen, dass meine Tochter inzwischen schon erwachsen geworden ist und ich erst jetzt die Chance bekomme, dich kennenzulernen und eventuell auf deine Ablehnung stoßen könnte, machte mir Angst. Hier sitze ich nun dir gegenüber, und ich weiß absolut nicht, was passieren wird. Es ist so aufregend und auch so schön, dich

zu sehen." In diesem Moment betrat Gerda den Raum mit einem Tablett und Tee. Sie schenkte jedem eine Tasse Tee ein, und Ella bemerkte, dass Gerdas Hände dabei leicht zitterten. Sie tranken schweigend miteinander den heißen Tee. Ella fühlte sich sehr unwohl dabei. Immer wieder sah sie kurz zu Hermann herüber und schaute schnell in eine andere Richtung, wenn er ihrem Blick begegnete. Wie kommuniziert man mit einem Menschen, dessen Gene man in sich trägt, über den man aber nichts weiß und keine gemeinsame Lebenszeit verbracht hatte? Sie nahm eine seltsame Neutralität in sich wahr, mit der man sich einem Fremden nähert, um das Unbekannte auszuloten. Über diesen Gedanken hängend, vernahm sie Hermanns Stimme.
„Gerda, ich freue mich so sehr, dich zu sehen. Ich möchte mich bedanken, dass ihr mich hereingelassen habt. Ich wusste nicht, was ihr über mich denkt, und es ist so eine lange Zeit her, dass wir uns nicht mehr gesehen haben, seit ihr damals mit Hannah Wissant verlassen habt. Es kommt mir vor wie ein anderes Leben. Sicher müssen wir diese Löcher in der Zeit durch unsere Erzählungen füllen. Wo ist denn Hannah? Meinst du, sie möchte mich sehen?"
Gerda strich sich fahrig eine Haarsträhne aus der Stirn. Es herrschte Stille, und Hermann schaute zwischen den beiden Frauen hin und her. Gerda konnte die Anspannung nicht mehr halten und brach in Tränen aus. Sofort sprang Hermann auf und umarmte sie. Ella spürte die Vertrautheit zwischen den beiden. Sie mussten sich früher sehr nahegestanden haben. Jetzt mischte sich Ella in

das Geschehen ein. „Meine Mutter liegt im Sterben." Hart prallten die Worte von den Wänden zurück in den Raum. Ella sah, wie Hermann in sich zusammensackte und sein Gesicht leichenblass wurde. Nun tat es ihr leid, die Wahrheit so taktlos herausgeschleudert zu haben. Hermann öffnete seinen Mund, aber es kamen keine Laute heraus. „Es tut mir so leid", sagte Gerda in die Stille.
„Wir sind alle gekommen, um uns von Hannah zu verabschieden." Hermann löste sich aus seiner Starre und sprach mit fast tonloser Stimme.
„Dann bin ich zu spät gekommen. Ich dachte, wir könnten zusammen etwas Zeit wettmachen. Hannah hatte damals in Wissant eine Entscheidung getroffen. Sie ließ mich allein mit meinen Träumen von einem besseren Leben. Ich verstand es nicht, dass sie nicht mit mir gehen wollte. Ich habe versucht weiterzuleben. Es war sehr schwer am Anfang. Doch ich fand wieder in meinen Tritt. Erst als mir Hannahs Buch in die Hände gefallen war, konnte ich verstehen, warum Hannah damals so gehandelt hatte. Sie verließ mich für dich, Ella. Erst war ich wütend auf deine Mutter.
Warum behielt sie ihr Geheimnis für sich? Warum wollte sie uns keine Chance geben? Doch als ich weiterlas, verstand ich sie. Ich bin gekommen, um Frieden mit Hannah zu schließen, und ich wollte dich sehen, Ella. Und jetzt? Nun habe ich sie gefunden, um sie für immer loszulassen. Es scheint unser Schicksal zu sein, immer wieder getrennt zu werden. Ich hatte mir unser Wiedersehen anders vorgestellt. Ich weiß nicht, ob ich noch einmal die Kraft habe, eine Trennung

durchzustehen. Damals dachte ich, ich hätte Hannah für immer verloren. Vielleicht wäre es klüger gewesen, es dabei zu belassen."

HERMANN

Hermann warf seinen Blick zum Horizont hinaus. Dort, wo sich das Meer und der Himmel begegneten, fand er so eine Art Frieden. Seine inneren Wogen glätteten sich beim Beobachten der Gischt, die von der gewaltigen Schiffsschraube des Schiffes ausgelöst wurde. Hermann liebte die Stunden, die er allein an Deck verbrachte. Die See legte sich wie ein kühlendes Tuch auf die schmerzenden Wunden in seiner Seele. Sein Leben hatte sich aufgelöst, wie die Dunstschwaden am Himmel, als sie den Hafen von Le Havre verließen. Hannah hatte ihn verlassen, ohne sich von ihm zu verabschieden. Seine starke Frau. Sie hatte daran geglaubt, ihn von seinen Dämonen befreien zu können.

Wieder und wieder sollte er von diesem wahnsinnigen Krieg erzählen. Wie sie ihn damit quälte. Er erkannte keinen Sinn darin. Man konnte die schrecklichen Erinnerungen durch Erzählen nicht auslöschen. All die Jungs, die da draußen waren und dann heimkehrten in ihr Leben, das nicht mehr ihres war, suchten nach einer Möglichkeit zu überleben. Sie wollten nur leben, so gut es ging. Sie hatten dem Tod und dem Wahnsinn ins Gesicht geschaut. Die Bilder waren irgendwo da tief in ihren Gehirnen vergraben. Die konnte man nicht mal eben so hervorziehen, wie Spielkarten anschauen und wieder weglegen. Die ließ man besser da, wo sie waren. Ja, er hatte ihr von den Tagen seiner Gefangenschaft erzählt. Doch es hatte ihn nicht von den Schrecken befreit. Nach dem Krieg wollte er doch nur ein kleines bisschen Glück erfahren. Hannah war dieses Glück für ihn gewesen. Er wollte wieder zu diesem Hermann werden, der er vor dem Krieg gewesen war: zärtlich, sinnlich, feinsinnig. Alles, was ihn vorher ausgemacht hatte, hatte der Krieg sich einverleibt, um ihn dann abgestumpft, sich selbst hassend, wieder auszuspucken. Es war, als hätte man ihm das Herz herausgerissen, er fühlte sich leer und taub. Ihre Herzen hatten zusammen geschlagen in den noch unbeschwerten Nächten vor dem Krieg, und er hoffte, sich darin wiederzufinden. Doch Hannah schien ihn nicht mehr zu finden. Sie suchte ihn ständig in Häusern, in denen er nicht mehr wohnte. Oft wollte er schreien: "Hannah, hier bin ich. Ich bin nah. Du brauchst nur deine Hand ausstrecken." Doch sie fand ihn nicht. Das spürte er. Während er stundenlang auf das Wasser starrte, wurde ihm eins immer klarer: Es war eine Illusion gewesen, zu glauben, mit Hannah sein altes Leben wiederfinden zu können. Der Krieg hatte eine zu tiefe Kluft zwischen ihnen geschaffen. Sie hielten sich fest umklammert wie zwei Ertrinkende und bemerkten nicht, wie sie sich selbst dabei in die Tiefe rissen.

Er konnte Hannah nicht das geben, was sie glücklich machte. Er versank immer mehr in den inneren Nebeln seiner Taubheit. Und dann kam die Zeit, in der er wütend wurde auf Hannah. Warum bohrte sie ständig in der Vergangenheit? Das Leben kostete schon so seine ganze Kraft. Warum ließ sie ihn nicht einfach in Ruhe? Nachts hörte er, wie sie sich in den Schlaf weinte. Dann lag er schweigend da, konnte sie nicht trösten und hasste sich dafür. Hannah so unglücklich zu sehen, verletzte ihn so

sehr, und jeder Tag, an dem er in ihre fragenden Augen blickte, erinnerte ihn an sein Versagen. Er begann zu trinken, wurde aggressiv und bemitleidete sich selbst. Doch gab es diesen Lichtblick. Das Leben schenkte ihm, mit der Ausreise nach Argentinien, noch eine zweite Chance. Er konnte das tun, was er liebte, seiner Vergangenheit entkommen und Hannah eine neue Perspektive bieten. Warum war sie gegangen?
Die Kulisse von Biarritz entfaltete sich aus dem fahlen Morgendunst. Hermann kaufte sich einen Kaffee und ein Croissant im Hafen und nahm den Bus nach Bayonne. Als Kriegsgefangener war er dort im Arbeitslager Bayonne Beyris angekommen. Nachdem er durch die Invasion der Alliierten in der Normandie gefangen genommen worden war, hatte er seinen Arbeitsdienst bei einem Bauern in Ambleteuse begonnen. Dort hörte er, dass man durch einen Einsatz beim Minenräumen bevorzugt behandelt wurde und die Chancen auf eine Entlassung stiegen, falls man es überlebte. Dabei hatte er Serge kennengelernt. Er war der Minenentschärfer der Demineur Volantärs und Ende zwanzig. Sein Körper war sportlich und durchtrainiert. Serge kam aus der Picardie und besaß dort ein kleines Haus am Meer. Er war Elektriker und hatte im Krieg eine Ausbildung zum Minenräumer gemacht. Bei der Arbeit war er hoch konzentriert, ansonsten wirkte er oft abwesend, als weilte er in einer anderen Welt. Er stotterte leicht, was er geschickt umgehen konnte, indem er gekonnt Pausen in seinen Redefluss einbaute. Nach ihrer ersten gemeinsamen Minenentschärfung hatte Serge Hermann eine Zigarette

angeboten. Sie saßen zusammen im Sand, rauchten und schauten aufs Meer. Hermanns Hände zitterten und Serge bemerkte es. „Meine Hände zitterten auch nach dem ersten Einsatz, danach ist es ja in Ordnung, aber bei der Arbeit kannst du es dir nicht erlauben." Serge fuhr sich mit der Hand durch sein schwarzes Haar, was vom Wind immer wieder in seine Stirn fiel. „Du musst dich im Griff haben, sonst ist es aus."

„Warum machst du diesen Job", fragte Hermann.

„Ich wollte es allen beweisen, dass ich es draufhabe", machte er eine Pause, „ich wurde früher oft gehänselt wegen meiner Sprachstörung." Serge sprach nicht weiter. „Warum sprichst du eigentlich so gut Französisch?", fragte Serge. „Meine Mutter kam aus dem Elsass, so bin ich zweisprachig aufgewachsen und dadurch bekam ich in der Gefangenschaft einen Küchenjob, der mich vor dem Erfrieren gerettet hat." „Was hast du vor dem Krieg gemacht, Hermann?" „Wir hatten eine Gastwirtschaft und ich habe mitgeholfen. Mein Vater war fest davon überzeugt, dass ich das Geschäft mal übernehmen würde. Mein Großvater brachte mir das Geigenspielen bei und als sie bemerkten, dass ich Talent hatte, bekam ich auch Stunden. An manchen Abenden habe ich in unserer Wirtschaft aufgespielt. Ich liebe die Geige und ich vermisse sie hier."

„Na, da haben wir wohl ähnliche Neigungen. Als kleiner Junge wollte ich Tänzer werden. Das Ballett faszinierte mich. Doch immer, wenn ich davon sprach, wurde ich ausgelacht. Ballett sei doch nichts für Männer. Dabei gibt es doch einige berühmte Tänzer, Nurejew zum Beispiel.

Ich sammelte alle Bilder von ihm. Es gibt nichts Ästhetischeres, als einen durchtrainierten Tänzerkörper. Das Tanzen blieb ein Traum. Dann kam der Krieg und es wurde ein Alptraum. Der Krieg ist mir zuwider, und ich bin froh, dass es jetzt vorbei ist. Wenn ich nicht das tun kann, was ich liebe, so kann ich wenigstens verhindern, dass noch mehr Menschen durch Minen sterben. Im Traum tanze ich Choreografien. Ich verstehe nicht, wie es möglich ist, im Traum so zu tanzen, obwohl ich es doch nicht gelernt habe." Serge schaute Hermann an und seine Augen strahlten. Hermann blickte auf das Meer und nach einer Weile fragte er Serge: „Warum erzählst du mir das alles? Ich meine, ich bin ein Kriegsgefangener. Du bist mein Aufpasser. Die anderen sind nicht so nett mit ihren Untergebenen."

„Hermann, das hier ist keine normale Arbeit, die wir hier machen. Wir müssen einander vertrauen und uns aufeinander verlassen können. Dafür sollten wir uns ein wenig kennen lernen, und ich finde, du bist ein feiner Kerl. Ich mag dich." Serge lächelte.

Dann stand er plötzlich auf. „Lass uns Schluss machen für heute." Nach dem nächsten Einsatz brachte Serge frisches Brot mit fettem Käse mit. Wieder saßen sie in den Dünen und genossen all die Köstlichkeiten, die Serge mit Hermann gerne teilte. In diesen Momenten fühlte sich Hermann nicht mehr als Gefangener, sondern als ein normaler Mensch, der sich freuen und genießen konnte. Einmal brachte Serge eine Geige mit. Sie saßen in der Pause am Strand, als er strahlend die Geige an Hermann übergab. Er hatte sie sich von einem Verwandten geliehen. Er bat Hermann, für ihn zu spielen. Während Hermann spielte, standen ihm Tränen in den Augen. Als Hermann die Geige zurückgab, schwiegen sie eine Weile. Serge sah Hermann an und dann sagte er: „Egal, was du jetzt von mir denkst, ich muss es einfach sagen, ich habe dich sehr gern. Ich weiß, es wird keine Erwiderung meiner Gefühle von dir geben, aber ich möchte, dass du es weißt." Hermann wurde rot. „Du brauchst dich nicht zu schämen, Hermann. Ich empfinde schon lange diese Zuneigung für dich. Doch keine Sorge, ich habe meine Versetzung beantragt. Noch eine Woche, dann siehst du mich nie wieder. Ich möchte dir etwas geben." Dann holte er einen Umschlag aus seiner Jacke und reichte ihn Hermann. „Mach ihn auf, wenn du wieder in Deutschland bist und jetzt spiele bitte noch was für mich." Hermann steckte den Brief ein und nahm die Geige. Während er spielte, dachte er an all die nicht gelebten Träume und Tränen standen dabei in seinen Augen.

Es war der letzte Streckenabschnitt am Strand, als es passierte. Serge sollte in einigen Tagen zu einem anderen Einsatz versetzt werden. Hermanns Trupp hatte den Abschnitt gesichert und markiert. Serge würde seine Arbeit gleich beginnen. Hermann ging in Richtung Bunker, als er von einer mächtigen Detonation in den Sand geworfen wurde. Danach war es gespenstig still. Dann hörte man Schreie. Von einem Strandhäuschen waren nur Holzsplitter übriggeblieben. Hermann sah einige Aufseher zum Unglücksort rennen.

Dann löste sich Hermann aus seiner Schockstarre und rannte los. Doch man ließ ihn nicht durch. Alle Kriegsgefangenen wurden auf Lastwagen verfrachtet und ins Lager gefahren. Der Einsatz war beendet. Hermann saß auf seiner Pritsche in der Schlafbarracke. Er hatte nichts essen können. Seine Gedanken drehten sich im Kreis. Was hatte er falsch gemacht? Seine Aufgabe war, die Umgebung der Mine zu sichern. Mit einem Metalldetektor musste er die Lage der Mine genau markieren, damit sie dann entschärft werden konnte. Er war für Serges Sicherheit verantwortlich. Hatte er etwas übersehen? Einen Fehler durfte er sich nicht erlauben. Hatte seine Unaufmerksamkeit Serge getötet? Hermann legte sich auf sein Bett. Es knisterte etwas auf dem alten dreckigen Laken. Seine Finger fanden einen Brief und sofort erinnerte er sich. Serge hatte ihm den Brief gegeben. Mit zitternden Händen öffnete er ihn.

„Chez Serge, dies wirst du lesen, wenn du wieder in deiner Heimat bist. Ich möchte dir danken. Du hast meine Träume verstanden, weil du selbst welche hattest. Das hat mir viel bedeutet. Unser Zusammensein hat mir gezeigt, dass Menschen, oder sollte ich besser sagen Männer, wie wir, nicht in diese Welt passen, in der es nur um Krieg, Macht und Gewinn geht. Wo ist da ein Platz für Träume? Der Krieg hat meine Träume getötet. Ich musste dafür kämpfen, anerkannt zu werden, so wie ich war. Ich will nicht mehr kämpfen. Ich glaube, die Welt, nach der ich mich sehne, in der jeder, das tun und sein

kann, was er liebt und fühlt, ist eine Illusion. Vielleicht gibt es eine andere freie Welt in einer anderen Dimension. Wer weiß es schon? Lieber Hermann, ich brauche mein Haus in der Picardie nicht mehr. Vielleicht kannst du mit Hannah ein neues Leben beginnen. Ich wünsche dir viel Glück und wenn du dort am Strand von Wissant sitzt, spiele ein Lied für mich. Dann wird mein Geist dich finden.
Leb wohl, dein Serge."

Das Fenster des kleinen Hotels in der Rue de Presbourg ging zur Straße hinaus, und er hatte es am Abend zuvor offengelassen. Hermann stand auf, zog sich an und wollte ein kleines Bistro suchen, um ein Petit Déjeuner einzunehmen. Das Hotel befand sich in der Nähe des Arc de Triomphe in einer Nebenstraße, in der sich der Lärm der Champs-Élysées in Normalität auflöste. Auf den Bürgersteigen stapelte sich der Müll. Aus den Wohnungen hörte man Stimmen. Die Pariser hatten ihre Balkontüren geöffnet. Die Straße roch nach frischem Baguette und Café. Menschen überholten ihn. Hermann hatte es nicht eilig. Er ließ sich treiben. Er war herausgefallen aus der Welt der Verbindlichkeiten, Pflichten, Aufgaben und Verantwortung. Er fühlte sich wie ein alter Mann, obwohl er erst 47 Jahre alt war. Er hatte doch Glück gehabt. Einige seiner Kumpels waren keine zwanzig Jahre alt geworden. Er fand ein Bistro. Gedankenverloren rührte er in seinem Café und schaute auf die Straße. Er musste an Serge denken. Nach seinem Aufenthalt in Biarritz, der ihm auch keine Klarheit gegeben hatte, wie er sein Leben weiterführen sollte, ließ er sich weiter treiben auf seiner Reise durch die Vergangenheit. Davon hatte er viel, doch wie sah es mit einer Perspektive für seine Zukunft aus? Auf diese Frage konnte er keine Antwort geben. Serge hatte so viele Pläne gehabt. Er wollte an seine Träume glauben. Doch fand er keinen Platz dafür in dieser Welt. War Serge absichtlich auf die Mine getreten? Auch auf diese Frage würde er keine Antwort erhalten, und so gab es auch keine Absolution für ihn. Was wäre geschehen, wenn Serge nicht gestorben wäre? Er spürte, wie sich seine Augen mit Tränen füllten. Schnell wischte er sich mit der Hand über sein Gesicht. Er wollte hier nicht weinen. Er trank seinen Kaffee aus, bezahlte und verließ das Café. Langsam schlenderte er die Champs-Élysées hinunter, sah all die eleganten Geschäfte und die Frauen, die mit gefüllten Taschen heraus spazierten. Er schlenderte am Grand Palais vorbei zum Seineufer. Er fuhr mit einem Ausflugsboot auf dem Fluss, vorbei am Louvre, Notre-Dame und der Île de la Cité.

Hermann stieg am Eiffelturm aus. Dort sah er Menschenschlangen, die anstanden, um auf den Turm zu fahren. Hermann fühlte sich zu erschöpft, um sich dort einzureihen. Er würde es morgen versuchen. Er lief langsam zum Arc de Triomphe zurück. Er kam durch eine Straße, in der sich ein Restaurant an das nächste reihte. Überall waren die Tische besetzt. Hermann dachte, die Franzosen lassen sich das Leben auf der Zunge zergehen. Sie verstanden es zu genießen. Hermann fragte sich, ob er jemals, nach dem Krieg, sein

Leben so richtig genießen konnte. Er musste dies verneinen. Eine Schwere war in ihn hineingekrochen und hatte die Leichtigkeit, die Hannah so an ihm liebte, in sein mürbes Selbst vertrieben und ihr keinen Schlüssel mehr angeboten. Traurig ging er weiter. Er wollte keine Sehenswürdigkeiten mehr sehen für heute. Er kaufte sich ein großes Baguette mit Schinken und Käse, das er mit auf sein Zimmer nehmen wollte. Er würde sich dann hinlegen und versuchen zu schlafen. Er schlief bis zum nächsten Morgen.

Paris hatte sich in Nebel gehüllt. Hermann stand auf der zweiten Plattform des Eiffelturms. Er wartete mit einer kleinen Gruppe von Besuchern auf einen der Fahrstühle, der ihn ganz nach oben zur Turmspitze bringen sollte. Ein Metallgitter schob sich zur Seite, und Hermann schaute in das Innere der Kabine. Es erinnerte ihn an einen Käfig. Eine Frau bat die Besucher in den Fahrstuhl. Als alle eingetreten waren, verschloss sie die Türen und drückte auf einen Knopf. Ruckartig setzte sich das Metallmonstrum in Bewegung.

Die Fahrstuhlfrau begrüßte die Anwesenden zu ihrer Fahrt zur zweithöchsten Plattform Europas. Die Frau trug ein blaues Kostüm und ein rotes Halstuch. Die blonden Haare waren zu einem Knoten im Nacken zusammengebunden, und auf ihrem Kopf saß ein kecker, kleiner blauer Hut. Sie erklärte den Fahrgästen die Technik der hydraulischen Fahrstühle und sagte, dass alle Mitfahrenden auf der Hälfte der Strecke die Kabinen wechseln müssten. Tatsächlich hielt die Kabine an, und die Fahrstuhlfrau wies ihnen den Weg über eine schmale

Zwischenplattform in den anderen Fahrstuhl. Es war ein merkwürdiges Gefühl, auf dieser Plattform zu gehen. Man sah nur die riesigen Metallpfeiler des gigantischen Turmes. Unter ihnen lag ein weißes, nebliges Nichts.
Hermann war froh, wieder in der Kabine zu sein. Langsam schwebte der Koloss immer höher. Die Fahrstuhlfrau sagte nichts mehr, es herrschte Schweigen. Alle schauten durch die Fenster nach draußen. Hermann kam es vor, als würde die Kabine frei im Himmel hängen. Es ging immer weiter hinauf. Niemand hatte eine Vorstellung, wie hoch es noch ging. Dann blieb der Fahrstuhl stehen, und die Fahrstuhlfrau lächelte gewinnend, als sich die Tore öffneten. „Voilà, Paris liegt Ihnen zu Füßen." Es blies ein kalter Wind hier oben, und Hermann schlug seinen Mantelkragen hoch. Man hörte die Geräusche der Stadt, aber man sah sie nicht. Paris lag unter einer Dunstglocke. Hermann gefiel es. Er fühlte sich entrückt von der Welt und das spiegelte genau seine Stimmung wider. Er blieb ruhig stehen und genoss dieses zeitlose Gefühl. Er hätte ewig bleiben können, doch es wurde langsam immer kälter.
Hermann fuhr mit der nächsten Bahn herunter. Diesmal war es eine andere Frau, die den Fahrstuhl bediente. Hermann fand es schade. Er hatte die andere Frau nett gefunden. Er stieg auf der zweiten Plattform aus und bestellte sich einen heißen Tee in einem Bistro. Von seinem Stehtisch aus konnte er auf die Fahrstühle schauen. Die Türen öffneten sich, und dann sah er sie wieder, seine Fahrstuhlfrau. Er hörte, wie sie die Leute einlud einzusteigen. Ihr Blick fiel auf ihn, und sie winkte ihm zu.

Dann schlossen sich die Türen. Hermann stand nur da und lächelte. Sein Körper schwebte noch im Nirgendwo zwischen den Plattformen, und er mochte dieses Gefühl. Inzwischen war es dämmrig geworden, und es blinkten Millionen von Lichtern am Turm. „Ah, bonjour Monsieur, verliebt in den Turm?", jemand hatte eine Hand auf seine Schulter gelegt.
Hermann verstand die Worte kaum, so intensiv fühlte er die Hand. Diese Hand drang tief in sein Inneres ein und löste ein unglaubliches Sehnen in ihm aus. Wie im Traum drehte er sich um und schaute in das strahlende Lächeln der Frau aus dem Fahrstuhl. Wenig später saßen sie an einer der Imbissbuden vor dem Turm und tranken einen Kaffee. Hermann rührte gedankenverloren in seiner Tasse herum. Er konnte es noch nicht glauben, dass er hier mit der Zauberfee vom Eiffelturm saß. „Warum haben Sie mich eingeladen?", fragte er sie. „Oh, ich habe Sie beobachtet oben auf dem Turm. Sie haben einfach so dagestanden, bewegungslos, und Sie wirkten irgendwie so in sich selbst versunken. Das hat mir gefallen, und ich musste an mein erstes Mal auf dem Turm denken. Außerdem haben Sie nicht wie wild fotografiert, wie all die anderen Besucher. Zu Hause schauen sie dann auf die Bilder und sagen sich: Ja, dort waren wir. Doch den magischen Moment haben sie verpasst. Ich tat es aus einem spontanen Impuls heraus. Ich hoffe, Sie fühlen sich nicht bedrängt?"
„Nein, ganz im Gegenteil. Ich freue mich sehr, Ihre Bekanntschaft zu machen. Mein Name ist Hermann Gaußmann, und ich bin nur ein ganz gewöhnlicher Tourist in

Ihrer atemberaubenden Stadt." Die Fahrstuhlfrau lachte, und die Wärme ihrer Stimme schlich sich in sein Herz. „Also, ich heiße Paulina. Alle nennen mich Pauline, und es ist nicht meine Stadt, aber ich liebe sie auch sehr."
„Wie lange machen Sie diese Arbeit im Turm?", fragte Hermann.
„Das kommt mir vor wie eine Ewigkeit, sind bestimmt schon zehn Jahre."
„Wird es denn nicht langweilig, den ganzen Tag rauf- und runterzufahren?"
„Ja, natürlich ist es monoton, immer die gleichen Ströme von Touristen zu sehen. Doch die Fahrten zur höchsten Plattform sind anders. Vielleicht klingt es dumm, aber ich spüre da oben wirklich so etwas wie Ewigkeit. Wenn die Kabine durch den Turm gleitet, schauen sie alle ins Nichts und werden dann still. Das liebe ich sehr. Wenn sie unten einsteigen, sind sie laut und machen Scherze, doch je höher sie kommen, desto mehr verstummen sie. Ich denke immer, vielleicht werden sie sich ihrer eigenen Verletzlichkeit bewusst. Fühlen sich nicht mehr so übermächtig im Angesicht des Turms und spüren für einen kurzen Moment so etwas wie Respekt vor dem, was größer ist als sie. Vielleicht interpretiere ich da zu viel hinein. Wahrscheinlich ist es nur die Höhenangst. Wer weiß? Für mich verliert der Turm nie seine Magie. Ich finde, jeder Tag sollte seine eigene Magie haben."
Hermann schaute Pauline nur an. Sie war ein wunderbares Wesen. Sie verströmte so viel Zauber, und Hermann wollte nur einfach dasitzen und sich von ihrem Zauber einfangen lassen. Doch da sprang Pauline auf, sah auf

ihre Uhr, und entschuldigte sich, sie habe noch einen wichtigen Termin. Hermann erwachte wie aus einem Traum, und alles in ihm lehnte sich dagegen auf, dass sich dieses Geschöpf von ihm entfernte. Pauline gab ihm drei Küsse auf die Wangen, sagte „Adieu“ und verschwand. Hermann rief ihr hinterher: „Pauline, sehen wir uns wieder?“ Sie drehte sich noch einmal um und antwortete: „Kommen Sie zum Turm, Hermann!“

Der Fluss glitzerte träge in der Sonne. Pauline und Hermann tranken Rotwein am Seineufer. Hermann war wieder zum Turm gekommen. Er hatte sich vorher bei Paulines Kolleginnen nach ihrer letzten Fahrt erkundigt. Sie kicherten und gaben ihm bereitwillig Auskunft. Anscheinend hatte Pauline ihnen schon von ihm erzählt. Mit seiner Geige war er zur letzten Plattform hochgefahren. Als Pauline ihre Kabinentür öffnete, hörte sie eine sehnsüchtige Tangomelodie, die vom Turm herunter schwebte. Sie ging um die Ecke und da sah sie Hermann mit seiner Geige stehen. Hermann hörte auf zu spielen und sah sie an. Pauline lief auf ihn zu und küsste ihn auf die Wange, nahm seine Hand und zog ihn in den Fahrstuhl.

Sie waren später zur Seine gelaufen. Unterwegs kauften sie Käse und Wein. Nun lagen sie schon eine Weile im Gras, genossen die milde Wärme auf ihrer Haut und die weinselige Schwere in ihren Köpfen. Das Leben nahm sich eine Auszeit und gewährte allen einen Moment der Glückseligkeit. Hermann schaute auf einen Ausflugsdampfer, der mit fotowütigen Touristen an ihnen vorbeizog. Mit Pauline an seiner Seite fühlte er sich nicht mehr wie ein Außenstehender. Sie war der Schlüssel zu dieser Stadt. Er erlebte Paris durch ihre Art zu sein. Sie schien alles, was sie tat, ob es banale Dinge waren wie Einkaufen gehen, oder mit der Metro fahren, mit einem besonderen Zauber zu belegen und dieser Zauber schien auf ihn überzuspringen.

Es war, als würde man durch einen Film in eine ganz magische Stimmung versetzt. Hermann vergaß seinen Schmerz, wenn er mit Pauline zusammen war. Er fühlte sich wieder leicht und unbeschwert. Er wusste nicht, was da mit ihm geschah. Eine Tür in seinem Inneren ging auf. Die Welt drang zu ihm hinein. Er sah ihre Schönheit. Seine Sinne webten zarte Fäden um ihn. Er nahm eine feine Schwingung in sich wahr, die sich mit der Welt in Einklang befand. Es war seine eigene Melodie, die er wieder entdeckt hatte. Jene Magie, die das Leben zu etwas Besonderem macht. Er fühlte es, wenn er mit seinen Händen über einen Holztisch strich oder den Stoff seiner Bettdecke berührte. Seine Sinne waren wie elektrisiert und sie verschmolzen mit den Materialien. Die Welt da draußen sprach und kommunizierte mit seinem Inneren. Ihre Schwingungen durchdrangen jede Faser seines Seins und die tief empfundene Harmonie der Dinge machte ihn glücklich. Er nahm die Welt von innen wahr und fühlte sich seltsam verbunden mit allem. Er war drinnen und nicht draußen. Etwas sprach zu seinen Sinnen und sie antworteten. Die Welt war beseelt und er bewegte sich darin wie ein Kind, das noch staunen konnte. Pauline hatte ihm einen Schlüssel zu etwas gegeben, was er verloren geglaubt hatte. Seine

tiefe Sehnsucht nach der Schönheit der Wahrheit, die sich still in den Künsten spiegelt, war wiedererwacht.
Er sah auf Pauline, die neben ihm im Gras schlief, und er fühlte solche Dankbarkeit. Dieser magische Moment zeigte ihm das Leben in all seiner Schönheit und er fühlte die tiefe Sinnhaftigkeit seines Lebens. Nach dem Krieg hatte er geglaubt, sein Leben sei zerstört und er hatte gedacht, dass damit auch seine Fähigkeit, so intensiv zu fühlen, abhandengekommen wäre. Doch hier in Paris hatte er es wieder entdeckt. Das magische Elixier der Sinne, das er so zum Leben brauchte, wie seine Lungen den Sauerstoff, sprudelte wieder in ihm. Es war wieder da. Hatte zart angeklopft und die Schleusen geöffnet. Der Krieg hatte es verschüttet, doch er konnte es nicht zerstören. So wie er es gedacht hatte. Es gab nichts Endgültiges, nichts Abgeschlossenes im Leben. Es gab nur ständigen Wandel im Kreislauf der Zyklen. Wenn etwas stirbt, wächst etwas Neues daraus. Kummer und Leid sind vergänglich, wenn man sie nicht festhält. Diese Erkenntnis war nun tief in ihm und alles, was nun kommen würde, machte ihm keine Angst mehr.
Hermann strich Pauline zärtlich eine Haarsträhne aus ihrem schlafenden Gesicht. Er fühlte sich ihr so nah, wie schon lange niemandem mehr. Er fragte sich, was sie wohl für ihn empfand, oder war er nur ein Spielzeug in ihrer Fantasiewelt? Doch Pauline war keine Spinnerin. Sie hatte auch etwas ganz Bodenständiges an sich und gerade diese Mischung aus Geradlinigkeit und Leichtigkeit faszinierte ihn so sehr. Er würde gern mehr über sie erfahren.

Bis jetzt hatte sie ihm noch nicht viel aus ihrem Leben erzählt. Doch hatte er das Gefühl, sie schon lange zu kennen. Es war so vertraut mit ihr zusammen durch Paris zu laufen, wie mit einem alten Freund.
Eine Fliege setzte sich gerade auf ihre Nase und Pauline erwachte. Sie zog ihre Nase zusammen und lachte ihn an. „Na, langweilst du dich ohne mich?“, Pauline richtete sich auf und drückte Hermann einen Kuss auf die Stirn. „Ich glaube, es ist Zeit für einen Pastis. Damit läuten wir den Abend ein. Heute ist Samstag und ich möchte dir meine Freunde vorstellen. Hast du Lust, Hermann?“
Hermann nickte, er wäre überall mit ihr hingegangen. Sie liefen durch ein paar Straßen, bis Pauline in eine kleine Toreinfahrt hineinging. Dahinter versteckte sich ein kleines Bistro. Draußen standen zwei kleine Metalltische, die mit Weinflaschen dekoriert, miteinander konkurrierten. Der ganze Laden wirkte wie aus einem Film. Große Blumenkübel mit Hortensien standen davor. Wilder Wein wucherte an den Hauswänden empor. In die Weinranken waren bunte Lichterketten geschlungen und auf den Fensterbänken standen weiße Gipsengel. Hier schien jemand seiner romantischen Ader zu frönen.
Pauline zog ihn ins Ladeninnere. Auch hier gab es kleine Stehtische und Barhocker. Auf den Tischen brannten Kerzen und an einigen saßen Leute, die aßen und tranken. Pauline ging hinter die Theke und umarmte herzlich eine ältere, korpulente Frau. „Guten Abend, Colette, das ist Hermann“, sie zog Hermann hinter die Theke, „ein neuer Freund von mir.“ Colette umarmte ihn

warmherzig und küsste ihn auf die Wangen. „Schön, dich kennenzulernen, Hermann. Du spielst Geige?" Sie zeigte auf das Instrument und Hermann nickte. Er fühlte sich etwas unwohl mit der fülligen Frau hinter der Theke. Die Frau hatte eine laute, dunkle Stimme und die anderen Gäste sahen schon zu ihnen herüber. Colette klopfte ihm freundlich auf die Schulter und schob ihn wieder in Richtung Laden. „Da werden sich die anderen aber freuen. Sie warten schon auf dich, Pauline. Ich bringe euch gleich den Wein. Habt ihr auch Hunger? Ich habe heute eine leckere Quiche. Geht doch einfach schon durch." Pauline nahm einen Vorhang zur Seite und dahinter befand sich noch ein Raum. Dort saßen schon einige Leute an einem langen Tisch zusammen. Sie schauten auf zu Pauline, als sie den Raum betrat, und es begann ein lautes Gejohle.

„Hey, Pauline, wie geht es dir, schön dich zu sehen." Auch hier wurden wieder viele Küsschen verteilt, und Pauline stellte Hermann den anderen vor. Er wurde von allen freundlich begrüßt. Sie setzten sich an den Tisch. Colette kam mit dem Wein und sie prosteten einander zu. Hermann erfuhr viel über Paulines Freunde. Es war eine bunte Truppe von Musikern, Künstlern und Schriftstellern versammelt. Was sie alle einte, war leider die Tatsache, dass sie noch keine nennenswerten Erfolge vorzuweisen hatten. Aber sie waren von Ideen, Visionen und Projekten beseelt und besessen.

Hermann schwirrte der Kopf von all den Träumen, die den Raum durchzogen. Er fühlte sich wohl und angeregt von all der Kreativität. So hatte er damals auch geschwärmt, sich lebendig gefühlt im Pool der unendlichen Möglichkeiten der Kunst. Hatte auch dieses Brennen in sich gefühlt, die Seele gespürt, die innerlich schrie vor Sehnsucht nach Vollkommenheit. Die sich über den Schmerz des Getrenntseins vom Göttlichen, erheben und sich über die Kunst, in den unendlichen Raum ausdehnen wollte. Er sah in die vom Wein geröteten Gesichter, die sich ereiferten, nahm die sinnlichen Fäden wahr, die sich zwischen Frauen und Männern spannten, und fühlte sich in diesem wogenden Meer von Stimmen und Gelächter zu Hause. Doch er nahm auch ein neues Gefühl in sich auf. Dem jugendhaften Brennen wurde ein gütiger Freund zur Seite gestellt. Die Weisheit des Unperfekten schenkte ihm einen heilsamen Balsam für die Seele. Es gab sie nicht, die perfekte Vollkommenheit. Das Leben war nicht perfekt. Die Suche danach war fatal. Die tiefe Sinnhaftigkeit des Lebens enthüllte sich im Alltäglichen und zeigte sich in der Schönheit der einfachen Dinge. Er sah Pauline, wie sie lachte, manchen umarmte und küsste, und ergötzte sich an ihrer blühenden Schönheit und er genoss diesen Moment, ohne danach zu greifen. Dann nahm jemand ein Akkordeon und begann zu spielen.

Paulina stieß Hermann an und zeigte auf seine Geige. Hermann nahm den Klang des Akkordeons auf und webte seinen dazu. Colette, die Wirtin, hatte den Laden vorn geschlossen und gesellte sich dazu. „Colette, komm sing für uns, Colette hat eine wunderbare Stimme“, wandte sich Pauline an Hermann. Und das stimmte. Sie sangen Chansons und die Lieder schienen ihnen nicht auszugehen. Später saßen Pauline und Hermann draußen vor dem Laden. Alle hatten sich herzlich voneinander verabschiedet und Hermann eingeladen, bald wiederzukommen. Hermann hatte locker seinen Arm um Pauline gelegt. „Ich danke dir für diesen wunderbaren Abend, und dass du mich hierhergebracht hast, Pauline. Du hast mir etwas sehr Kostbares geschenkt." Pauline schaute ihn fragend an. „Ich weiß wieder, wie das Leben schmeckt." Pauline nahm seine Hand und drückte sie fest. „Ich habe dich sehr gern, Hermann", sagte sie leise.

Arm in Arm waren sie durch das nächtliche Paris gestolpert, trunken vom Wein und ihren Gefühlen füreinander. Dann standen sie vor Paulines Wohnung. Sie stiegen müde die knarrenden Holzstiegen nach oben. Ihre Wohnung lag ganz oben unter dem Dach. Pauline schloss die Tür auf, und sie blieben beide in dem dunklen Flur stehen. Pauline zog ihn sanft in einen Raum, in dem er ein Bett ausmachen konnte. Hermann fühlte seine Müdigkeit, und er konnte sich nicht mehr auf seinen Beinen halten. Pauline sank mit ihm auf das Bett. Sie blieben einfach nebeneinander liegen. Ein fahles Morgenlicht schlich sich durch die Vorhänge und ließ sie ihre Gesichter zart erkennen.

„Du bist sehr schön", sagte Hermann, und dann begann er zu weinen. Es war ihm nicht unangenehm, vor Pauline zu weinen. Nichts mit ihr war ihm fremd. Sie nahm ihn in den Arm und streichelte seinen Kopf, bis er schluchzend einschlief.

„Guten Morgen, Hermann, bist du bereit für einen neuen Tag?" Pauline schob die Vorhänge energisch zur Seite. Die Sonne brach durch die Scheiben und ließ die Staubkörner tanzen. Hermann richtete sich langsam auf und versuchte sich an die Helligkeit zu gewöhnen. Pauline lief schon wieder in die Küche und kam mit einem Tablett zurück. Sie setzte es vor Hermann ab. „Kaffee, Baguette und Eier, die mögt ihr Deutschen doch so gern zum Frühstück." Hermann zuckte innerlich vor „dem Deutschen" zusammen. Es war ihm unangenehm, so von Pauline genannt zu werden. Pauline bemerkte seinen unsicheren Blick. „Hermann, wie fühlst du dich? Komm, du brauchst einen starken Kaffee." Sie reichte ihm eine große Tasse mit Café au Lait. Hermann trank ein paar Schlucke und fühlte sich gleich besser.
„Pauline, der gestrige Abend war so wunderbar. Ich habe mich lange nicht mehr so lebendig gefühlt. Deine Freunde sind so herzlich und talentiert, und du, Pauline, bist eine außergewöhnliche Frau." Pauline stand im Bett auf und verbeugte sich wie vor einem Publikum. Hermanns Kaffee schwappte durch die plötzliche Bewegung ins Bett. Sie lachten beide. Das war so schön an Pauline: Es gab keine Peinlichkeiten, und sie konnten über alles reden. „Bist du noch traurig, Hermann?", fragte ihn Pauline. „Es waren Tränen der Dankbarkeit und der Erschöpfung gestern Nacht."
Hermann nahm ihre Hand. „Ich bin dankbar für diese Nähe, die ich mit dir erleben darf. Mein Leben ist kompliziert. Ich bin von meiner Frau Hannah getrennt. Sie hat mich verlassen."

Hermann schaute auf das Frühstückstablett. Pauline hatte Gesichter auf die Eier gemalt. Hermann musste schmunzeln.
„Und jetzt sitze ich mitten in Paris und esse Eier mit Gesichtern. Ist das Leben nicht grotesk?" Pauline küsste Hermann auf die Stirn:
„Das Leben ist, was es ist, mal leicht, mal schwer, verspielt, verrückt, kompliziert und einfach. Ich mag es nicht so kompliziert. Wenn ich traurig bin, dann bin ich traurig, und irgendwann verschwindet die Traurigkeit und ein neues Gefühl kommt. Ich frage nicht, warum bin ich jetzt traurig, wie lange hält das an. Gefühle kommen und gehen. Man muss ein wenig Geduld haben und schwupp, ist es auch schon vorbei. Man hat das Glück nicht gepachtet. Wenn es sich zeigt, sei glücklich, genieße es in vollen Zügen, dann hast du etwas für die leeren Tage. Aber erwarte nicht, dass es bleibt. Wenn wir glücklich sind, dann fangen wir an zu tricksen. Wie stelle ich es an, immer so glücklich zu sein? Wie kann ich mein Glück halten? Und schon hast du es verloren. Glück liebt die Freiheit. Man kann sich nicht glücklich denken, man kann nur glücklich sein und keine Angst vor dem Unglücklichsein haben."
„Du bist unglaublich, auf solche Gedanken käme ich nie. Warum gibst du dich nur mit mir ab?"
„Hermann, weißt du, was Gott nicht an uns leiden kann? Wenn wir unser Licht nicht strahlen lassen. Du bist ein wunderbarer, kostbarer Mensch mit einer feinen Seele, und du liebst die Schönheit. Was auch immer deinen Blick verdunkelt hat, gib nicht auf zu leuchten!"

Hermann zog Pauline an sich, und sie umarmten sich und hielten ganz still. Hermann entspannte sich. Sein Leben zog an ihm vorbei. All die Anstrengungen, der Richtige zu sein, fielen von ihm ab. Er war, was er war, in den Armen von Pauline. Er war Hermann, der die Musik liebte und wieder an die Schönheit des Lebens glaubte. Er war Hermann, der zu viel Grauen gesehen und den Glauben ans Leben verloren hatte. Beides war er, und beides durfte sein. Er spürte, wie etwas in ihm wieder ganz wurde, und das war wie ein Wunder.

Am Nachmittag besuchten sie ein Bistro. Sie bestellten Rotwein. „À votre santé, Hermann", prostete Pauline Hermann zu. „Ich lebe in der tollsten Stadt der Welt, und sie wird mir nie langweilig. Paris ist wie eine Glocke, unter der man lebt. Man absorbiert die Stadt völlig. Sie wird zu deiner Haut, du atmest sie, und sie atmet dich. Du kannst dir nicht vorstellen, dass es irgendwo anders auch noch Sauerstoff gibt. Ja, und jetzt bist du in mein kleines Universum eingebrochen. À votre santé, Hermann." Sie tranken ihren Wein und blieben für einen Moment still. Hermann ließ seinen Blick durch das kleine Bistro schweifen. An einem Tisch saß ein älteres Paar. Sie sprachen angeregt miteinander, lachten, genossen ihr Essen und ihren Wein. Sie wirkten vertraut, glücklich, aufeinander eingespielt und doch wie frisch verliebt.

Hermann spürte einen Stich in seinem Herzen. So ein Leben hatte er mit Hannah haben wollen. Hier an dem Tisch nebenan sah er den Beweis, dass solch eine Beziehung möglich ist. Er schaute Paulina an: „Darf ich

dich was fragen?“ Paulina nickte. „Gibt es eigentlich keinen Mann in deinem Leben, oder hat es einen gegeben, mit dem du das Gefühl hattest, alt werden zu wollen?“
Paulina lächelte ihn fragend an. „Entschuldige bitte“, sagte er schnell. „Vielleicht bist du noch zu jung, um daran zu denken, mit jemandem alt werden zu wollen?“
Paulina stützte ihren Kopf in ihren Händen ab. „Ja, natürlich gibt es Männer in meinem Leben. Schau dich doch um, Hermann, Paris ist voll mit attraktiven Männern, und du bist einer davon.“ Paulina lachte ihr bezauberndes Lächeln. Doch Hermann sah sie ernst an. „Aber sehnst du dich nicht nach einer Beziehung oder möchtest eine Familie haben?“ Paulina richtete sich auf ihrem Stuhl auf. „Ich bin nach Paris gekommen, um frei zu sein. Natürlich habe ich mal eine Liebelei. Aber ich glaube nicht daran, mit einem Mann ein ganzes Leben verbringen zu können. Wenn ich all meine Freunde mit ihren Beziehungsdramen sehe, dann verspüre ich wenig Lust, mich darauf einzulassen. Ich fliege wie ein Schmetterling zu einer schönen Blume, ohne sie besitzen zu wollen. Liebe darf man nicht haltbar machen wollen, sie ist da, solange sie blüht, und wenn sie gehen will, muss man sie loslassen. Liebe ist wie ein Kunstwerk. Man kreiert es, man zelebriert es, und dann erfindet man es wieder neu.“
„Als ich Hannah, meine Frau, kennenlernte, wusste ich sofort, dass ich mit ihr durch die Zeit gehen wollte“, sagte Hermann. „Ich wollte das, was uns verband, zu einem Ganzen zusammenbringen und gleichzeitig war ich

bereit, das Unvereinbare zwischen uns schweigend zu dulden und das, was nicht zu lösen ist, auch nicht lösen zu wollen. Ist es nicht das, was Menschen auseinanderbringt? Weil man glaubt, in der Beziehung alle Widersprüche auflösen zu müssen, um zu einem großen Ganzen zu verschmelzen. Ich glaube, dass man es akzeptieren muss, dass es Dinge gibt, die man nicht zusammenbringen kann. Ich wollte Hannah ihre Identität lassen. Sie nicht nach meinen Vorstellungen formen. Doch wir wurden durch den Krieg geformt, und als wir uns wieder trafen, war etwas geschehen mit uns. Es war größer als wir und wir hatten keinen Einfluss mehr darauf. Es hatte uns überwältigt und uns voneinander entfernt. Wir haben uns verloren." Paulina nahm Hermanns Hand und hielt sie fest.

Den Abend verbrachten sie zusammen in Paulinas Wohnung. Sie hatten es sich auf dem Fußboden mit Kissen und Decken gemütlich gemacht. Paulina spielte ihm ihre Lieblingsmusik vor und sie diskutierten über verschiedene Musikrichtungen. Hermann fühlte sich so beschenkt. Die Tage mit Paulina waren wunderschön gewesen. Paulina schwieg für einen Moment, dann sprach sie leise: „Hermann, ich bin dankbar für diese Zeit mit dir. Ich glaube, du wärst der Mann gewesen, mit dem ich es mir hätte vorstellen können, alt zu werden." Sie schaute Hermann zärtlich an. „Du hast für mich ein Fenster geöffnet, von dem ich einen vorsichtigen Blick wagen möchte. Vielleicht hat sich meine Sicht auf Beziehungen durch dich etwas geändert. Deine tiefe Liebe zu Hannah berührt mich. Gibt es doch dieses stille Band, das zwei

Menschen durch die Zeit trägt? Ich sehe, dass ich nicht in die Tiefe mit einem Mann eintauchen kann, wenn ich immer vorher weglaufe. Ich glaube, wir hatten das Glück, miteinander tief in unser Herz zu schauen." Hermann schluckte, und eine Träne lief über sein Gesicht. Er konnte nicht sprechen. Es war auch nicht nötig.

Hermann liefen Tränen über sein noch immer schönes Gesicht, das durch all die Lebenserfahrungen gereift war. Man konnte die Narben erkennen, doch in seinen Augen sah man Milde und Herzenswärme. Seine Lachfältchen um seine Augen herum erzählten von seinem Humor und seiner ungebrochenen Liebe zum Leben.
Ella betrachtete ihren Vater, und sie fühlte eine Verbindung zu ihm, auch wenn sie ihn ja eigentlich gar nicht kannte. Seine Geschichte nach der Trennung von Hannah berührte sie sehr, und dann konnte sie sich nicht mehr zurückhalten. Sie stand auf, setzte sich neben ihren Vater und umarmte ihn. Hermann nahm ihre Fürsorge an, und so blieben sie lange in dieser Umarmung.
„Gehen wir noch mal zu Hannah?" Ella löste sich sanft aus der Umarmung. Hermann nickte nur. Ella zog ihren Vater von der Couch, und Arm in Arm stiegen sie die Treppe hoch zu Hannahs Zimmer. Hermann drückte den Arm seiner Tochter. Ella sah ihn an. Sie konnte der Schwere dieser Begegnung nichts entgegensetzen. Sie selbst war angefüllt mit verschiedenen Gefühlen. Gefühle der Freude und der Trauer überschlugen sich in ihr. Dann standen sie zusammen vor Hannahs Bett. Hannah sah aus, als würde sie schlafen. Eine graue Strähne hatte sich auf ihrer Stirn verirrt, und Hermann strich sie ihr zärtlich aus dem Gesicht.
Er fuhr sanft mit seinen Fingern über die Konturen ihres Gesichts. Tränen standen in seinen Augen. Er nahm vorsichtig ihre Hand und begann leise zu sprechen:

„Hannah, als du mich verlassen hast, habe ich gedacht, ich würde dich nie wiedersehen. Was wäre aus uns geworden ohne den Krieg? Hätten wir ein glückliches Leben mit unseren Kindern führen können? Ein Leben, in dem man am Ende stolz auf all die Klippen schaut, die man gemeinsam umschifft hat, ohne zu zerbrechen? Ist es nicht das, was eine Beziehung satt und reif fühlen lässt? Auch wenn wir das nicht miteinander hatten, habe ich nicht das Gefühl, zerbrochen zu sein. Erinnerst du dich an das Gefühl, wie wir ineinander versunken sind? Ich habe in deine Augen geschaut und hatte das Gefühl, dass mein Selbst sich darin spiegelt, doch nein, es war mehr als das. Es war, als ob sich mein Selbst darin auflösen würde. Ich verschmolz zu einem Kokon mit dir. Wir wurden ein Körper, der sich leicht und zärtlich bewegte. Dann bewegten wir uns voneinander fort. Am Ende sind wir wieder ineinander gestrandet, und eine lange Welle flutete mein Herz. Das sollte jeder Mensch in seinem Leben fühlen dürfen. Ob es nun ein ganzes Leben ist, eine kurze Zeit oder nur ein Moment. Das ist nicht so wichtig, finde ich. Wir haben unseren Kreis schließen können, und ich fühle mich erfüllt von Liebe und Dankbarkeit. Ich kann nun sagen, dass ich bereit bin." Hermann blieb noch eine Weile an Hannahs Seite. Schließlich drehte er sich zu seiner Tochter herum, die bewegungslos in der Tür gestanden hatte. Hermann schaute sie an und fragte: „Wollen wir einen Spaziergang machen?"

Hermann und Ella liefen durch den Park, der sich an das Grundstück von Gerda und Oskar anschloss. Jeder hing

seinen eigenen Gedanken nach. Die Worte Hermanns hallten noch in Ella nach. Sie hatte nur Liebe darin gehört. Keine Wut, keine Verbitterung mehr. Sie hatte die Botschaft der Worte verstanden. Wenn Hermann seiner Frau vergeben konnte, war sie nicht auch in der Lage, ihren Frieden mit ihrer Geschichte zu machen?
Sie dachte an den Traum, den sie in der letzten Nacht geträumt hatte. Sie fuhr mit einem Zug. Neben ihr saß ein kleines Mädchen. Sie hielt ihre Hand. Das Kind sah aus wie sie, als sie klein war. Das Kind schaute sie aus tiefen dunklen Augen an. Sie wirkten erschrocken und wie vor Angst erstarrt. Sie fühlte sich sehr zu dem Mädchen hingezogen. Dann sprang das Kind auf und lief aus dem Abteil. Ella suchte sie, mal sah sie das Mädchen wieder in einem Abteil sitzen, dann war sie wieder weg. Ella suchte sie verzweifelt. „Ich darf dich nicht wieder verlieren, nicht schon wieder“, dachte sie.
Dann hielt der Zug an, und Ella sah, wie die Kleine draußen über den Bahnsteig lief. Plötzlich befiel sie hier im Traum eine solche Traurigkeit, die sie nicht einmal in den schlimmsten Momenten ihres Lebens empfunden hatte. Eine tiefe Verlorenheit stieg aus dem Innersten ihrer Seele auf. Es gab keinen Halt mehr, und niemanden, an den sie sich hätte wenden können. Sie schluchzte und zitterte. Das Schluchzen schien wie aus der Erde oder vom Urgrund ihres Seins zu kommen, und Ella hatte das Gefühl, sich vollkommen darin aufzulösen. Dann sah sie das kleine Mädchen wieder. Es winkte ihr zu. Sie folgte dem Mädchen in ein Haus. In einem Raum stand ein Bett, und in diesem Bett lag eine Frau mit

ihrem Neugeborenen. Das Baby hielt mit seinem kleinen saugenden Mund die Brustknospe der Mutter fest umschlossen und schaute selig in ihre Augen. Das Mädchen strahlte sie an, und eine Welle von Glück durchströmte Ella. Das Kind setzte sich neben die junge Mutter und kuschelte sich an sie. Ein Gefühl von Nähe und Wärme begleitete sie auch noch, als sie aus dem Traum erwachte.

Ella dachte plötzlich an ihre Mutter. Wie war es für sie gewesen, damals allein mit einem Kind in den Nachkriegswirren? Die nicht wusste, ob ihr Mann noch lebte. Die Zukunft war ungewiss und blieb es auch nach Hermanns Rückkehr. Wie musste sie sich gefühlt haben? Wie hatte sie überleben können in all dieser Verlorenheit und Einsamkeit? Auf einmal verstand sie ihre Mutter. Selbst ihrer Wurzeln beraubt, fehlte ihr das Vertrauen und die Basis, einem Kind genau dieses Urvertrauen zu schenken. Ihre Mutter war keine Rabenmutter, die ihr Kind böswillig verließ. Sie musste ihr eigenes Leck stopfen und flüchtete in eine Illusion, an der sie zerbrach. Sie war eine typische Mutter der Nachkriegsjahre, mit all dem verdrängtem Schmerz einer verletzten Seele. Was hatte sie davon übernommen und es zu ihrer eigenen Seelenlandschaft gemacht?

Hermann unterbrach sie in ihren Gedanken. „Was denkst du gerade, Ella?"

„Ich habe an Hannah gedacht und wie sie über das dünne Eis ihres Lebens geschlittert ist, auf der Suche nach dem Glück, einem Zuhause und einem Fundament für ihr Leben. Ich möchte ihr vergeben, dass sie es nicht vermocht hatte, mir dieses Zuhause zu geben. Mein Zuhause ist meine Familie, und tief in mir habe ich Heimat gefunden." Hermann umarmte sie, und Ella ließ sich in seine Arme sinken. „Erzähle mir von deiner Familie", sagte Hermann, als sie sich voneinander lösten. „Welche Familie meinst du, Hermann? Ich habe nur eine Familie, und das sind Toni und meine Kinder."

Hermann schaute seine Tochter an und zögerte mit seiner Antwort. Ella nahm einen traurigen Ausdruck in seinen Augen wahr, der sich aber schnell in einen wärmenden Blick verwandelte. „Ella, du hast wunderbare Mädchen. Erzähl mir von ihnen." Am Tag zuvor war Toni mit den Kindern gekommen, und Ella hatte sie ihrem Vater vorgestellt, als Onkel Hermann. Sie konnte sich nicht überwinden, ihn Opa zu nennen. Für die Kinder war Oskar der Opa, und sie liebten ihren Opa sehr. Sie waren zu klein, um die Geschichte von Hannah und Hermann zu verstehen. „Ich habe es mir nie vorstellen können, einmal Mutter zu werden. Meine eigene Kindheit mit ihren Brüchen verhieß mir keine Hoffnung auf ein glückliches Muttersein. Ich hatte Angst davor, keine gute Mutter zu sein und meine eigene Geschichte auf das Kind zu übertragen. Meine Therapie half mir wieder Vertrauen in mich und mein Leben zu finden. Dann kam Toni in mein Leben. Toni ist in einer großen Familie großgeworden mit vielen Geschwistern. Sie treffen sich alle einmal in der Woche mit Kindern und Enkelkindern. Ich war überwältigt von der Liebe und Unterstützung, die diese Familie zusammenhält. Ich kannte nur eine amputierte Familie, mal ohne Mutter, mal ohne Vater, der nicht mal mein leiblicher war. Tonis Familie hat mich wunderbar aufgenommen, und als dann die Bambini kamen, war unser Glück perfekt.“ Hermann schwieg, und Ella fühlte sich plötzlich schuldig, so euphorisch von ihrer neuen Familie geschwärmt zu haben. Es war wieder Hermann, der das Schweigen brach. „Es tut mir so leid, Ella, dass wir dir nicht diese Familie sein konnten, die du gebraucht hättest.“ Ella sah, wie sich seine Augen mit Tränen füllten. Wenn ihr Vater von der Vergangenheit sprach, fühlte sie keinen Groll. Er hatte nichts von ihrer Existenz gewusst. Es war gut, dass er hier bei ihr war. Ella umarmte Hermann, und dabei sagte sie: „Es tut mir leid für uns alle, dass wir keine glückliche Familie sein konnten. Aber wichtig ist es, seinen Frieden mit der Vergangenheit machen zu können. Ich glaube, dir ist es gelungen, wieder ins Leben zurückzukommen, und ich freue mich darauf, dich richtig kennenzulernen. Du musst uns besuchen in Wuppertal, und vielleicht zieht es uns mal nach Paris.“ Hermann schnappte sich seine Tochter, hob sie hoch und wirbelte sie einmal herum. Völlig außer Atem musste er sie wieder absetzen.

„Ich bin wohl doch älter, als ich mich gerade fühle“, lachte Hermann. „Ich freue mich sehr, dass du dich nicht von mir abwendest. Das ist mein größtes Geschenk. Ich habe Hannah damals in Wissant verloren. Dich habe ich hier gefunden. Ich kann es noch nicht wirklich fassen. Mein Herz ist traurig und auch glücklich zugleich. Es ist eine Achterbahn der Gefühle in mir. Aber ich bin froh, dass ich den Weg zu euch gefunden habe. Hatte Hannah sich das gewünscht, als sie ihr Buch schrieb?

Ella wanderte am breiten Sandstrand von Wissant entlang. Alle waren gekommen, um Hannahs Asche ins Meer zu streuen. Ella setzte sich auf einen Stein und schaute auf das Meer hinaus. So viel war seit ihrem Zusammenbruch geschehen. Sie hatte wieder Vertrauen ins Leben gefunden, ihre Kindheit aufgearbeitet und Verantwortung für sich übernommen, eine Trennung überstanden und sich auf eine neue Beziehung eingelassen. Sie war Mutter geworden und hoffte, eine gute Mutter sein zu können. Sie führte mit Toni eine Beziehung auf Augenhöhe, in der sie nicht die Schwache war, wie bei Fred. Und sie hatte Frieden mit ihrer Mutter gemacht und ihren Vater gefunden.
Ella atmete tief ein und schmeckte die salzige Meeresluft auf ihren Lippen. Das Leben war gut. Schicht um Schicht hatte sie ihr altes Leben abgeschält, wie eine Zwiebel gehäutet. Die Schalen waren dick und das Schneiden schmerzte sehr. Das Alte brach weg und das Neue zeigte noch nicht sein Gesicht. Doch eine Hoffnung auf Erneuerung wehte durch ihr Sein, wie das Versprechen des Frühlings, wenn die feinen Knospen an den Bäumen aufbrechen. Es wurde still in ihr, während sie auf die Wellen schaute. Das Leben gab sein Versprechen nie stillzustehen, so wie die Wellen auch nicht aufhörten, an den Strand zu branden. Wachstum, Entwicklung und Entfaltung waren die Rhythmen des Universums. Das Leben beginnt aus einem Zellkern heraus. Der Zellklumpen wächst und bildet seine Form. Geburt, Kindheit und Jugend. Die ersten Ringe bilden sich um den Kern und entscheiden über das spätere Leben. Wird

es ein erfülltes und freies Leben sein oder ein Leben der ungenutzten Fähigkeiten? Das Leben bietet immer die Chance zu wachsen. Manchmal sieht man den Moment der Befreiung nicht. Die Schnitte im Leben bieten die Chance der Veränderung und die Möglichkeit, den Kern, die Essenz des Lebens, freizulegen. Ella fühlte den Wind und ihr Herz füllte sich mit einem tiefen Frieden, voller Liebe und Mitgefühl. Ihr Selbst weitete sich über den Horizont hinaus, und es wurde ganz still in ihr.

Sie saßen alle in dem kleinen Bistro, das an der Strandpromenade von Wissant lag. Vor vielen Jahren hatten Gerda und Hannah an den schwarzen Kaffeehaustischen gegessen und in den Regen hinaus aufs Meer geschaut. Danach war Hannah aufgebrochen und mit nach Frankfurt gekommen. Nun waren sie zurückgekehrt. Nur Hannah fehlte. Die Einrichtung des Bistros hatte einen modernen Anstrich bekommen und die gute, alte Jukebox musste einer neuen Hi-Fi-Anlage Platz machen.

Gerda erhob ihr Weinglas. „Auf Hannah, möge sie eine gute Reise haben und ihre Seele in die Freiheit fliegen.“ Hermann, Paulina, Oskar, Toni und die Mädchen erhoben ihre Gläser und stießen miteinander an. In der Mitte des Tisches stand ein Tongefäß mit einem Deckel. Darin befand sich Hannahs Asche. Die Idee, ihre Asche in das Wasser der Côte d'Opale zu verstreuen, hatte Hermann gehabt. Hier hatten sie eine Weile zusammengelebt und versucht, das Bestmögliche aus ihrer Liebe zu machen, und hier hatten sie sich getrennt. Auf Hermanns Wunsch war Pauline aus Paris angereist. Ella und Pauline verstanden sich auf Anhieb. Sie waren am Meer gelaufen, und Ella hatte Pauline gebeten, ihr von Hermann zu erzählen. Pauline schilderte Hermann als sehr sensiblen, feinfühligen und kreativen Menschen. Sie erzählte ihr auch, wie orientierungslos sie ihn wahrgenommen hatte, als sie ihn kennenlernte. Durch den Verlust von Hannah schien sein Lebenszweck erloschen. Doch Paris, die Stadt der Künste, hatte seine innere Flamme wieder entzündet, meinte Pauline zu Ella. Ella war sich sicher, dass auch Pauline ihren Beitrag dazu geleistet hatte. Doch sie traute sich nicht, noch mehr zu fragen. Die Beziehung zwischen Pauline und ihrem Vater ging sie nichts an. Doch sie hatte ihm gutgetan. Man fühlte ihre Vertrautheit miteinander. Pauline war warmherzig und hatte einen guten Humor. Es fühlte sich leicht an in ihrer Gegenwart, und sie konnte ihren Vater gut verstehen, dass er sie mochte. Ellas Töchter Magdalena und Lilith vergötterten Pauline geradezu. Sie verkörperte wohl die Dame von Welt und gab die Mary Poppins aus Paris für sie.

Das Wochenende in Wissant sollte ein würdevoller Abschied für Hannah werden und es entfaltete sich zu einem Klangteppich voller Liebe und Akzeptanz für das Leben. Hannah war in jedem Moment anwesend, und Trauer und Dankbarkeit für ihr Zusammensein flossen ineinander. Ella versprach Hermann und Pauline, sie in Paris zu besuchen, und da wollten die Mädchen und Toni sofort auch mit. Hermann freute sich sehr darüber. Dann sorgte Oskar für eine Überraschung. Gerda und er wollten nach Südfrankreich ziehen und ihr Alter im Warmen genießen. Das Haus in Frankfurt würde

verkauft werden. Da sie selbst keine Kinder hatten, wollten sie Ella die Hälfte des Verkaufspreises überlassen. Oskar wusste von dem geheimen Wunsch Tonis, ein eigenes Restaurant zu eröffnen.
Der letzte Abend verneigte sich vor seinem Publikum. Die Sonne ertrank im Meer und tauchte die Gesichter der kleinen Gruppe am Strand in goldenes Licht. Hermann öffnete das Tongefäß und verteilte mit einem Löffel Hannahs Asche in die Hände der anderen. Dann gingen sie zusammen zum Meer, und jeder öffnete seine Hand und ließ die Asche ins Meer rieseln. Danach spielte Hermann ein letztes Mal für Hannah auf seiner Geige. Der Wind trug die Melodie weit übers Meer hinaus.

ENDE

EPILOG

Dieses Buch basiert teilweise auf meiner eigenen Familiengeschichte. Die tragische Liebe zwischen Hannah und Hermann ist der Beziehung zwischen meiner Mutter und ihrem ersten Mann nachempfunden.
Meine Mutter bekam im Juni 1944 ihr erstes Kind. Ihr Mann fiel als Soldat, im Bombenangriff auf Dresden. Als kleines Mädchen, wusste ich nicht so genau, was mit dem Vater meines Bruders im Krieg geschehen war. Nur, dass er nicht mehr zurückkam, und meine Mutter ihren Sohn allein ohne Vater großgezogen hatte, wie so viele andere Frauen in der Nachkriegszeit. Später lernte meine Mutter meinen Vater kennen, und so wie Peter und Hannah im Roman, versuchten meine Eltern aus den emotionalen Trümmern eine Familie aufzubauen, was ihnen auch gut gelungen ist. Ich kam 1957 zur Welt. Mit 13 Jahren muss es eine Krise zwischen meinen Eltern gegeben haben. Damals war ich fest davon überzeugt, dass meine Mutter nach Berlin kommen sollte, um ihren ersten Mann bei den Vermissten Behörden zu legimitieren. Wie ich auf diese Idee gekommen war, weiß ich nicht. Doch es hat mich auf die Idee gebracht, das Schicksal meiner Mutter weiterzuspinnen. Was wäre geschehen, wenn ihr Mann doch überlebt hätte? Vielleicht hatte ich sensible Antennen und wollte damit dem Vater meines Bruders einen Platz in unserer Familie geben. Meine Mutter litt ihr ganzes Leben unter Depressionen und einer Todessehnsucht. In einer Familienaufstellung, an der ich später als Erwachsene teilnahm, konnte ich

sehen, wie sehr sich meine Mutter nach ihrem ersten Mann sehnte. Der Verlust ihres geliebten Mannes, den sie mit dem neuen Leben in ihrem Bauch, erfahren hatte, musste eine schwere traumatische Belastung für sie gewesen sein. Die Auswirkung dieses Traumas hat nicht nur ihr Leben gravierend beeinflusst, sondern wirkte auch in unser Familienleben hinein. Ich litt sehr lange unter Depressionen und bekam erst 2016 meine Chance, diese zu behandeln, indem ich eine Therapie machte. Ich bin sehr dankbar dafür. Durch das Annehmen dieser gestörten Balance in meiner Psyche und das bewusste Erkennen, wie diese Informationen von Verlust und Tod auch als Informationen in meinen Zellen angelegt wurden, konnte ich meine Angst und Panikgefühle zuordnen, verstehen, und mit Hilfe ganzheitlicher Therapieansätze auflösen und heilen. Die Belastungsstörungen von Ella in dem Buch entsprechen meinen eigenen Zuständen, die mich jahrelang unter einer Glocke hielten, und ein Leben mit einer erfüllten Potenzialentfaltung verhinderten. Die Therapieansätze, wie innere Kind Arbeit und EMDR, die im Buch beschrieben werden, standen natürlich in den Sechzigern noch nicht zu Verfügung. Meine Mutter wurde noch mit Elektroschocktherapie behandelt. Meine Intention mit diesem Roman ist es, die Krankheit Depression, die oft eine Folge eines Traumas ist, ins Licht zu bringen. Obwohl die Gesellschaft viel sensibler für dieses Thema geworden ist, umgibt sie immer noch ein Mantel des Tabus. Meine Odyssee zu Ärzten, die mir bei meinen psychosomatischen Problemen nicht helfen konnten, und die folgende

Resignation darüber, hat mich fast in den Suizid getrieben. In dieser schweren Zeit habe ich begonnen mein Buch zu schreiben. Ich dachte mir, wenn es nur einen Menschen erreicht, der sich verstanden fühlt, ist meine Botschaft angekommen. Das Schreiben hat meinen Heilungsprozess unterstützt.

Die Auswirkungen von Traumata auf die nächsten Generationen sind heute bekannt und belegt. Doch die traumatisierten Menschen aus dem zweiten Weltkrieg hatten keine Möglichkeit, sich zu heilen. Sie mussten erst einmal überleben und dann weiterleben für ihre Kinder. Im späteren Leben wollte auch niemand mehr in den Abgrund schauen. So blieb ein Krebsgeschwür in den Familiensystemen bestehen, was im Verborgenen seine emotionalen Metastasen streute.

In der heutigen Zeit erleben wir, wie die Kriege der Welt auch an unsere Türen klopfen. Unsere Wohlfühloasen brechen auf und eine geglaubte Sicherheit schwindet. Bei den alten Menschen werden Erinnerungen an Krieg und Flucht wach. Die Jugendlichen werden verunsichert, was ihre Zukunftsaussichten anbelangt. Die Sehnsucht nach Sicherheit ist groß, kann aber nicht mehr im Außen gestillt werden. Daher ist das Thema „Heimat finden“ sehr aktuell. Auch Hannah, Ella und Hermann haben versucht, Heimat zu finden! Doch sie mussten sich ihr Fundament wieder neu aufbauen. Auf den Trümmern einer verletzten Seele kann kein starkes, schützendes Haus gebaut werden.

DANKSAGUNG

Ich möchte meinem Mann danken. Er schenkte mir ein Schreibprogramm und damit begann ich, die Idee meines Buches umzusetzen.

Ganz herzlichen Dank an meine liebe Freundin Nadi Vianden. Du hast mich, nicht nur mit deinem kompetenten Wissen am Computer und bei der Grafik, bestens unterstützt, sondern auch mit deinem großen Schatz an Lebenserfahrung und Weitblick.

Lieben Dank auch an alle meine Powerfrauen, die mich immer wieder unterstützt haben dranzubleiben. Nupa Gibbens, du hast mir einige kreative Tricks verraten, um mehr Würze in meine Geschichte zu bringen. Ela, danke für die erste Korrektur und deinen Humor. Danke an Andrea Goffart für deine Begleitung, und dass du mich gefühlt hast in meinen Worten.

Ein großes Danke an Conny Stenzel-Zenner. Du hast mich verstanden und mir immer neue Blickpunkte angeboten, wenn ich nicht mehr weiterwusste. Dieses Buchprojekt wurde und wird von ganz vielen wunderbaren Frauen getragen und ich bin sehr dankbar für das Sein mit euch. Ich danke euch allen für die liebevolle Kritik, die mich weitergebracht hat und das Vertrauen in mich. Ihr alle habt geholfen, den Rohdiamanten zu polieren.

Liebe Tochter, ich liebe dich und danke dir für unseren gemeinsamen Weg. Danke an meine Eltern. Ihr wart genau die Eltern, die ich gebraucht habe, um meinen Seelenauftrag zu erkennen.

Für Menschen, die Unterstützung bei traumatischen Belastungen brauchen: Suchen Sie im Internet nach Trauma-Therapeuten in Ihrer Nähe. Therapeuten, ausgebildet in EMDR oder SOMATIC EXPERIENCING, können Ihnen helfen. Scheuen Sie sich nicht, in Kontakt zu treten, und spielen ihre Symptome nicht herunter. Jeder Mensch wird in seiner Kindheit oder später im Leben einmal traumatisiert. Sie sind nicht verrückt. Ein Trauma kann geheilt werden.

Ein Trauma entsteht, wenn ein belastendes Ereignis oder eine Situation, das bewusste Verarbeitungssystem des Gehirns überfordert. Das System wird abgeschaltet und das limbische System übernimmt. Dieser Teil signalisiert: Achtung Gefahr, und zum eigenen Schutz wird das schwere Ereignis in den Keller des Gehirns verfrachtet und mit Mauern umgeben. Somit kann es uns nicht mehr belasten und wir lernen, ähnliche Situationen im Leben zu vermeiden. Zum Beispiel im Fahrstuhl stecken bleiben -Panik erleben- später Fahrstühle meiden. Doch was passiert mit den unverarbeiteten Fragmenten im Keller? Durch ähnliche Ereignisse, wie etwa mit dem Fahrstuhl, wenn sie also gezwungen sind, den Fahrstuhl zu benutzen, werden Trigger ausgelöst, die dann Flashs ermöglichen. Das Trauma „ballert die volle Ladung“, Panik, Herzrasen oder Todesangst. Da das erste Ereignis nicht verarbeitet werden konnte, sitzt die negative Ladung noch im Nervensystem, was immer noch im Gefahrenmodus agiert, ohne vom Gehirn die nötige Entwarnung zu erhalten. Somit kann das Leben sehr eingeschränkt werden und die Flashs sich zu schweren

Angststörungen entwickeln. Dann kommt Traumatherapie ins Spiel. Die Methoden ermöglichen eine bewusste Entladung und das System kann sich wieder selbst regulieren. Durch das Verstehen, was zu dem Trauma geführt hat, können die einzelnen, aus ihrem Zusammenhang gerissenen, Fragmente wieder bewusst in ihrer Ganzheit zugeordnet werden und das ganze System erkennt: Die Gefahr ist vorbei und kann sich wieder entspannen.

Bücher zum Thema:

Peter Levine - *Trauma Heilung* und *Das Erwachen des Tigers: Unsere Fähigkeit, traumatische Erfahrungen zu transformieren*
Sabine Bode - *Die vergessene Generation* und *Wir Kinder der Kriegs-Kinder*

Passie van Linden (geb. 1957) machte eine Ausbildung zur Erzieherin und Entspannungspädagogin. Nach der Geburt ihrer Tochter arbeitete sie mit Kindern im kreativen Bereich. Sie unternahm lange Reisen nach Asien und beschäftigte sich mit Meditation und anderen spirituellen Praktiken. Sie wurde Meditationslehrerin und Instructor for Universal Tao Healing (Qi Gong) und gibt ihr Wissen in Seminaren weiter.

Sie lebt mit ihrem Mann in Belgien. Der Entwicklungsroman „Ella - Die Schatten meiner Mutter“ behandelt die eigene Familiengeschichte und die Verarbeitung der traumatischen Erlebnisse durch den Krieg.